Charlene Luchterhand, Nancy Murphy
Wenn Menschen
mit geistiger Behinderung trauern

Edition Sozial

Charlene Luchterhand, Nancy Murphy

Wenn Menschen mit geistiger Behinderung trauern

Vorschläge zur Unterstützung

Übersetzung aus dem Amerikanischen und deutsche Bearbeitung von Regina Humbert

3. Auflage 2010

Juventa Verlag Weinheim und München

Die Autorinnen

Charlene Luchterhand ist Sozialarbeiterin. Sie vermittelt Wohnangebote für ältere und behinderte Menschen in Middleton, Wisconsin.

Nancy Murphy ist Psychotherapeutin. Sie arbeitet mit Kindern und Erwachsenen mit geistiger Behinderung in Madison, Wisconsin.

Titel der Originalausgabe:
Helping adults with mental retardation grieve a death loss.
© 1998 Taylor & Francis, London

Bibliografische Information der Deutschen Nationalbibliothek

Die Deutsche Nationalbibliothek verzeichnet diese Publikation in der Deutschen Nationalbibliografie; detaillierte bibliografische Daten sind im Internet über http://dnb.d-nb.de abrufbar.

1. Auflage 2001
2. Auflage 2007
3. Auflage 2010

Das Werk einschließlich aller seiner Teile ist urheberrechtlich geschützt. Jede Verwertung außerhalb der engen Grenzen des Urheberrechtsgesetzes ist ohne Zustimmung des Verlags unzulässig und strafbar. Das gilt insbesondere für Vervielfältigungen, Übersetzungen, Mikroverfilmungen und die Einspeicherung und Verarbeitung in elektronischen Systemen.

© 2001 Beltz Verlag Weinheim und Basel
© 2007 Juventa Verlag Weinheim und München
Umschlaggestaltung: Atelier Warminski, 63654 Büdingen
Umschlagabbildung: Klaus G. Kohn, Braunschweig
Printed in Germany

ISBN 978-3-7799-2027-4

Vorwort

Dieses Buch entstand aus der Arbeit mit Menschen mit geistiger Behinderung, die das Sterben eines nahen Familienmitglieds oder eines Freundes erlebt hatten. Geschrieben haben wir das Buch für Menschen, die erwachsenen Menschen mit geistiger Behinderung aktiv in ihrer Trauer um einen Verlust helfen wollen und die dafür nach schöpferischen Ideen suchen. Wir möchten mit diesem Buch eine Hilfestellung geben für Familien, für Anbieter von Einrichtungen der Alten- oder Behindertenhilfe, für Hospizpersonal und psychotherapeutisch Tätige.

Alle Bilder in diesem Buch sind von Erwachsenen mit geistiger Behinderung gezeichnet worden, die einen Verlust durch Tod erlebt haben.

Besonderen Dank meinem Ehemann Randy, der mir mit seinen Computerkenntnissen, seiner Zeit für jede notwendige Unterstützung und seiner fortwährenden Ermutigung half.
Charlene

Mit Dank an meinen Ehemann Bob, für seine Geduld, seine unerschütterliche Unterstützung und seine Anregungen.
Nancy

Inhalt

Einleitung 9

Kapitel 1
Wenn Menschen trauern 13
Aufgaben im Trauerprozess 14
Reaktionen der Trauer 19
Trauerzeit 25
Auslöser von Trauer 26

Kapitel 2
Was ist für Erwachsene mit geistiger Behinderung kennzeichnend? 27
Allgemeine Lebensumstände von Erwachsenen
mit geistiger Behinderung 27

Kapitel 3
Wichtige Elemente der Unterstützung geistig behinderter Erwachsener im Trauerprozess 38
Die notwendigen Schritte 38

Kapitel 4
Unterstützungsstrategien im Trauerprozess 48
Wie man dieses Kapitel benutzt 48
Gliederung der Vorschlagsliste 51
Vorschläge zu Aufgabe 1:
Die Realität des Verlusts akzeptieren 53
Vorschläge zu Aufgabe 2:
Den Schmerz der Trauer erleiden 62
Vorschläge zu Aufgabe 3:
Anpassung an eine Umgebung,
in der der Verstorbene fehlt 84
Vorschläge zu Aufgabe 4:
Emotionale Energie zurücknehmen und
in Neues investieren 102

Kapitel 5
Professionelle Unterstützung 111
Warnsignale, wenn Hilfe gebraucht wird 111
Anzeichen, dass professionelle Unterstützung nötig ist 114
Wo finden Sie professionelle Unterstützung? 114

Literatur 117

Einleitung

„Ein schwer behinderter Mann, er kann nicht sprechen, kniete vor dem offenen Sarg seines Freundes. Wie im Gebet neigte er seinen Kopf, streckte dann seine Hand in den Sarg und berührte den Leichnam. Nachdem er den Arm des Verstorbenen gestreichelt hatte, stand er auf und steuerte auf seine Kirchenbank zu. Nach vier oder fünf Schritten drehte er sich um und winkte Abschied nehmend. Weder das Personal noch ich hatten gedacht, dass dieser Mann ein Verständnis vom Tod hätte." (Marquardt 1989, S. 347)

Marquardts Geschichte hebt eindringlich die Wichtigkeit hervor, das Thema Tod, Trauer und Verlust mit Menschen mit geistiger Behinderung anzusprechen und sie in Traditionen und Rituale rund um das Sterben einzubeziehen. Auch Howell (1989, S. 328) schrieb:

„Wenn wir mit einem geistig behinderten Klienten arbeiten, dürfen wir nie annehmen, dass er ‚nichts weiß' vom Verlust und der Erfahrung von Trauer … Tatsächlich müssen wir von der Annahme ausgehen, dass er um den Verlust weiß, dass er ihn emotional empfindet und dass dies sowohl seinen physischen Leib als auch sein geistiges Zentrum berührt."

Beide Autorinnen haben Situationen miterlebt und von anderen berichtet bekommen, in denen erwachsene Menschen mit geistiger Behinderung keine Chance hatten, den Tod geliebter Menschen zu betrauern, oder nicht in der Lage zu sein schienen, den Tod ihnen nahe stehender Menschen zu verwinden. Es gibt Situationen, da wird der Verlust gar nicht angesprochen, und Symptome wie weinen fehlen, doch weisen andere Zeichen darauf hin, dass eine Person nicht so zufrieden und funktional ist wie vor dem Verlust. In anderen Fällen scheinen Personen wie besessen von Gedanken an ihre verstorbenen Lieben. Bei manchen Menschen führt der Verlust offenbar zu Depressionen und verringert ihre Lebensqualität.

Die Autorinnen haben erwachsene Menschen mit geistiger Behinderung in Trauer über den Tod ihrer Lieben gesehen und wie sie diese Trauer so gut überwanden, dass sie als Modell für die allgemeine Bevölkerung gelten können. Eine Musiktherapeutin berichtet, wie sie die Unterstützung eines Mannes und einer Frau mit geistiger Behinderung erhielt, beide um die 40 Jahre alt. Die Musiktherapeutin hatte nach dem Tod ihrer Tante nicht an der folgenden Chorprobe teilgenommen. Als zwei geistig behinderte Erwachsene vom Chorleiter hörten, dass die Musiktherapeutin traurig über den Tod ihrer Tante sei, gaben sie folgende Hinweise:

„Mag sie essen? Kann sie schlafen? Hat sie vielleicht Albträume? Sagen Sie ihr, dass sie viel darüber reden soll, damit kann man es loswerden. Sagen Sie ihr, dass es in Ordnung ist, wenn sie weint. Gibt es irgendeine Musik, die sie mag? Ich höre gern ‚Amazing Grace', wenn ich an meinen Vater denke. [Der Vater des Mannes ist verstorben.] Sagen Sie ihr, dass sie meine Freundin ist und mich anrufen soll. Lassen Sie sie mich anrufen, wenn sie reden will."

Als die Musiktherapeutin von diesem Gespräch erfuhr, war sie sprachlos angesichts der Fähigkeit dieser zwei Menschen, wichtige Fragen zu ihrem Wohlergehen zu stellen und Unterstützungsangebote machen zu können. Interessanterweise stand ihr Verhalten im Gegensatz zu dem vieler nichtbehinderter Menschen, die sich fürchten, in Verbindung mit einem Verlust durch Tod Fragen zu stellen oder Hilfeangebote zu machen, aus Angst, etwas Falsches zu sagen und die trauernde Person aus der Fassung zu bringen!

Eine Kaplanin berichtete den Autorinnen ein weiteres Beispiel, wie man Trost von einem Menschen mit geistiger Behinderung erhalten kann. Sie hatte viel Zeit darin investiert, eine vertrauensvolle Beziehung zu einem jungen Mann aufzubauen und ihm geholfen, mit den Verlusten, die er in seinem Leben erfahren hatte, fertig zu werden. Der Mann konnte nicht sprechen und hatte, nachdem er bei einem Unfall in seiner Kindheit fast ertrunken war, sehr schwere Behinderungen. Tragisch wendete sich das Leben der Kaplanin, als ihr Vater unerwartet starb. Sie bat eine Betreuerin, dem Mann ihre Abwesenheit zu erklären. Als sie das erste Mal wieder zu ihrer Arbeit ging, war die Kaplanin überrascht und zugleich gerührt, dass diesmal sie es war, die unterstützt wurde statt umgekehrt. Der Mann schien zu verstehen, dass sie, ebenso wie er, einen Verlust erlitten hatte und sehr traurig war. Von sich aus zeigte er tröstende Gesten, was er nie zuvor getan hatte. Diese Gesten glichen denen, die die Kaplanin eingesetzt hatte, um ihm Trost zu spenden und ihn über Tod und Verlust zu unterrichten. Er berührte seine Brust über dem Herzen, zog sie an sich, wiegte sie und strich ihr tröstend über das Haar.

Wenn Menschen mit geistiger Behinderung die Gabe haben, allgemeine Reaktionen von Trauer und Maßnahmen, damit fertig zu werden, zu verstehen, wenn sie in der Lage sind, jemandem, der trauert, Unterstützung anzubieten, sollten sie dann nicht gleichfalls Unterstützung erhalten, wenn ihr Leben in eine Krise geraten ist? Selbstverständlich ja.

Dieses Buch wurde als Antwort auf Fragen von Familienmitgliedern und Betreuern geschrieben, die konkrete Anregungen für die Unterstützung trauernder Menschen suchten. Es basiert auf dem, was uns die Literatur hierzu vermittelt, auf der Ausbildung der Autorinnen, ihrer beruflichen Entwicklung, ihren klinischen Erfahrungen, auf klinischer Befragung und Forschung sowie auf Diskussionen mit Dritten. Solche Diskussionen gab es individuell und mit Gruppen von Erwachsenen mit geistiger Behinderung, mit ihren Familien und mit Fachleuten wie Kunsttherapeut(inn)en, Geistlichen, Musiktherapeut(innen)en, Pfleger(inne)n, Sozialarbeiter(inne)n, Psycholog(inn)en, Mitarbeiter(inne)n in Hospizen sowie Fachleuten der Behindertenhilfe.

Dieses Buch verfolgt die Ziele:

– Informationen über typische Formen der Trauer zu geben,
– einige Charakteristika aufzuzeigen, die nur für trauernde Erwachsene mit geistiger Behinderung gelten und
– einige konkrete Anleitungen zu geben, nach denen Sie bei der Assistenz für Menschen mit geistiger Behinderung, die einen Trauerprozess durchlaufen, vorgehen können.

Alles in diesem Buch soll Menschen helfen, die kürzlich einen Todesfall erlitten haben. Wenn es darum geht, sich um jemanden zu kümmern, bei dem das Erlebnis Todesfall mehrere Jahre zurückliegt, wäre es klüger, eine Fachfrau oder einen Fachmann zu Rate zu ziehen, die oder der Erfahrungen im Umgang mit Trauer und Verlust hat (siehe hierzu Kapitel 5, S. 111 ff.).

Wenn Sie dieses Buch lesen, sollte es Sie nicht verwundern, dass Sie an Verluste in Ihrem Leben erinnert werden. Das ist natürlich so und normal. Die Zeit, die Sie dafür einsetzen, ihre persönlichen Erfahrungen zu reflektieren, wird Sie gut darauf vorbereiten, einem Anderen zu helfen. Wenn Sie selbst gegenwärtig trauern, werden Sie feststellen, dass Sie sich mehr Zeit nehmen müssen, um dieses Buch zu lesen, vielleicht werden Sie auch den Wunsch haben, die Lektüre auf einen späteren Zeitpunkt zu verschieben. Wenn Sie das Lesen verschieben, könnten Sie eine Freundin, einen Freund, ein Familienmitglied, einen Kollegen, jemanden also, der der Sache nicht so nahe steht, bitten, das Buch sofort zu lesen.

Nach unserer Vorstellung kann das Buch unterschiedlich genutzt werden. Manche werden es für einen dringenden Bedarf nutzen wollen, andere werden es lesen wollen, um darauf vorbereitet zu sein, jemandem in Zukunft zu helfen. Für manchen Leser wird nicht ein spezieller Verlust der Anlass sein, sondern sie lesen es, um ihr Wissen und ihre Fähigkeiten auf diesem Gebiet zu erweitern. Für alle diese Zwecke kann das Buch genutzt werden. Wir empfehlen, die Kapitel 1, 2 und 3 sorgfältig zu lesen. Das Kapitel 4 ist so gestaltet, dass Sie die Handlungsvorschläge rasch überschauen und gezielt die Anregungen herausfinden können, die Ihnen am hilfreichsten erscheinen. Kapitel 5 enthält einige Adressen für den Fall, dass Sie zusätzlich Assistenz brauchen oder wünschen.

Kapitel 1
Wenn Menschen trauern

Es gibt nur wenige Untersuchungen darüber, wie erwachsene Menschen mit geistiger Behinderung den Tod ihnen nahe stehender Personen erleben. Nach den klinischen Erfahrungen der Autorinnen und anderer Fachleute (Deutsch 1985; Emerson 1977; Hedger/Dyer Smith 1993; Howell 1989; Kauffman 1994; Kloeppel/Hollins 1989; McDaniel 1989; Pima Council on Developmental Disabilities 1994; Rothenberg 1994[1]) und nach den wenigen Studien, die zu unserem Thema gemacht wurden (Harper/Wadsworth 1993), glauben wir, dass erwachsene Menschen mit geistiger Behinderung mit ihren Gefühlen und Reaktionen, die sie in Trauer und bei der Verarbeitung eines Verlusts durchleben, ganz ähnlich wie Nichtbehinderte sind und sich wenig von ihnen unterscheiden. Dieses Kapitel beschreibt Formen der Trauer, die für die USA typisch sind.

Menschen, die intensiv trauern, haben manchmal das Gefühl, sie würden vernichtet. Ihr Verhalten kann anderen ungewöhnlich vorkommen, wenn sie nicht wissen, dass diese Menschen trauern, oder wenn ihnen die üblichen Verhaltensweisen, Gedanken und Gefühle von Erwachsenen, die einen Verlust betrauern, nicht geläufig sind. Indem Helfer(innen) lernen, was für trauernde Menschen typisch ist, werden sie sich der in diesem Prozess üblichen Gefühle und Reaktionen bewusst sein, werden wissen, was zu erwarten ist, und werden verstehen, wie Gefühle das Verhalten beeinflussen (Weizman/Kamm 1985). Dann können sie Unterstützung geben, können den Hinterbliebenen versichern, dass dies ein vorübergehender Zustand ist, können, wo nötig, ihr Verhalten gegenüber Dritten erklären und können entscheiden, ob professionelle Hilfe hinzugezogen werden muss.

---

[1] Anmerkung der Übersetzerin: Das Literaturverzeichnis enthält neben den amerikanischen Titeln auch eine Sammlung aktueller deutschsprachiger Werke zum Thema Tod und Trauer.

Aufgaben im Trauerprozess

Worden (1982) fand vier Aufgaben, die ein Mensch vollenden muss, um den Trauerprozess erfolgreich abzuschließen:

Aufgabe 1: Die Tatsache des Verlusts akzeptieren.
Aufgabe 2: Den Schmerz der Trauer erleiden.
Aufgabe 3: Sich auf ein Leben einstellen, in dem die oder der Verstorbene fehlt.
Aufgabe 4: Emotionale Energie zurücknehmen und in Neues investieren.

Diese Aufgaben sind durchaus nicht etwas, dessen sich trauernde Menschen bewusst sind oder die ihnen klar sind. Man sollte sie auch nicht als eine Liste von Dingen, die erledigt werden müssen, betrachten. Es sind vielmehr Erfahrungen, und man hat herausgefunden, dass sie allen Menschen, die einen Trauerprozess erfolgreich durchlaufen, gemeinsam sind. Es gibt keine spezielle Reihenfolge, nach der Menschen diese Aufgaben vollenden, obwohl eine gewisse Abfolge in der Natur der Dinge liegt.

Aufgabe 1: Die Tatsache des Verlusts akzeptieren

Eine übliche Reaktion auf einen Todesfall ist die Weigerung oder die Schwierigkeit zu glauben, dass es wirklich geschehen ist. Wenn Menschen diese Aufgabe im Prozess der Trauer vollenden, akzeptieren sie das Ereignis des Todes und dass die geliebte Person fort ist und nicht wiederkommen wird.

Aufgabe 2: Den Schmerz der Trauer erleiden

Trauer bringt emotionalen Schmerz. Menschen widersetzen sich dem Gefühl von Schmerz und tun einiges dafür, um ihn zu vermeiden oder ihm zu entfliehen. Womöglich leugnen sie den Schmerz und behaupten, es gäbe keinen. Vielleicht suchen sie eine medizinische Lösung. Oder sie stürzen sich in Arbeit, auf ein Projekt oder reisen im Versuch, dem Schmerz zu entfliehen. Ironischerweise werden sie mit all diesen Dingen dem Schmerz nicht entkommen, sondern stattdessen den Trauerprozess verlängern.

Wenn Hinterbliebene ihren Schmerz nicht fühlen und ihn sich nicht eingestehen, wird er wahrscheinlich weiter unter der Oberfläche schwelen. Statt von dem Schmerz zu genesen, werden sie ihn ihr Leben lang mit sich tragen und in Gefahr sein, depressiv zu werden. Schmerz fühlen und Trauer ausdrücken sind wichtige Schritte auf dem Weg, sich von einem Verlust zu erholen. Weizman/Kamm (1985, S. 25) sagen:

„Solange es Ihnen nicht gestattet ist und Ihnen nicht geholfen wird, Ihren Schmerz zu fühlen, unabhängig, wie oft er auftritt und wie lange das dauert, solange wird die Trauer nicht ihren natürlichen Verlauf nehmen."

Oft erleben Hinterbliebene körperliche Symptome, dazu gehören Kopfschmerzen, Leibschmerzen, Schmerzen im Nacken. Manchmal ist die Beschreibung der körperlichen Schmerzen oder des Unbehagens ein Fingerzeig oder eine Metapher und sagt etwas darüber aus, was ein Mensch emotional empfindet oder wie er den Tod erlebt (Tatelbaum 1989; Weizman/Kamm 1985): Eine Metapher ist ein Wort, ein Satz oder ein Gegenstand, der, abweichend von seiner üblichen Bedeutung, für etwas anderes steht. Oft arbeiten Therapeuten von Trauernden mit Metaphern. Beispielsweise könnte jemand angeben, dass sich seine Kehle wie zugeschnürt anfühlt, als säße ein Kloß im Hals, und es erscheint schwer zu schlucken. Diesem Menschen wird es wahrscheinlich schwer fallen zu akzeptieren, dass sich der Todesfall ereignete; er hat Mühe, die Nachricht „zu schlucken". Das Problem in seiner Kehle ist eine Metapher für das, was er fühlt und erleidet. Ein anderer berichtet vielleicht von Druck auf den Brustkorb und Schmerzen in der Herzgegend. Wenn diese Symptome genannt werden, könnte man sich fragen, ob diese Person einen Herzanfall erleidet. Das ist möglich, wahrscheinlicher aber erleidet die Person emotional Qualen oder Kummer, etwas, das wir als „Herzschmerz" oder „gebrochenes Herz" bezeichnen. Das körperliche Symptom des Drucks auf der Brust ist eine Metapher für Trauer.

In einem Land mit so großen kulturellen Unterschieden wie den USA variiert das, was als angemessener Ausdruck von Gefühlen angesehen wird, in den unterschiedlichen Gruppierungen beträchtlich. Der ethnische Hintergrund, die soziale Stellung, Religion und ein Leben in der Stadt oder auf dem Land, all das kann die Art und Weise beeinflussen, wie Erwachsene ihren Gefühlen Ausdruck verleihen (Cook/Dworkin 1992). Es gibt Menschen, die sich unbehaglich dabei fühlen würden, emotionale Not zu äußern, und denen es näher liegt, über ein körperliches Symptom wie Kopfschmerzen zu klagen. Rosenblatt (1988) berichtet, dass die sogenannten WASP-Amerikaner (weiß, angelsächsisch, protestantisch) eher in psychologischen Begriffen denken und sich entsprechend äußern, während andere ethnische Gruppen dazu neigen, Trauer durch körperliche Symptome auszudrücken. Verhaltensweisen wie „Selbstkontrolle" und „stummes Leiden", die als stereotype Verhaltensweisen der WASP-Amerikaner angesehen werden, können für Angehörige anderer Kulturen ganz untypisch sein. Trauernde Japaner werden eher lächeln, um andere nicht zu belasten, und „sie werden tiefe Schuld und Scham empfinden, wenn sie heftige Gefühle zeigen oder in der Öffentlichkeit das Gefühl haben, die Kontrolle über sich zu verlieren. Demgegenüber schätzen die spanischen Kulturen die Freiheit des Gefühlsausdrucks" (Cook/Dworkin 1992, S. 153). Darüber hinaus gibt es Geschlechterunterschiede bei emotionalen Äußerungen. Staudacher (1991) berichtet, dass die Mehrzahl der Männer, mit denen sie arbeitete, auf den Tod eines geliebten Menschen so reagierten, dass sie ihre Gedanken und Gefühle für sich behielten.

Hinterbliebene müssen Schmerz fühlen und äußern, um davon zu genesen. Dennoch ist es von großer Wichtigkeit, nicht darauf zu beharren, dass sie ihren Schmerz wahrnehmen müssen. Liebevolle, unterstützende, unvoreingenommene Anwesenheit wird ihnen leichter zum Ausdruck ihrer Gefühle verhelfen, als wenn wir sie bedrängen. Wohlberatene Helfer(innen) erkennen und verstehen ethnische und kulturelle Unterschiede beim Trauern. Dann sind sie weniger in Gefahr, das Unglück von Menschen zu verkomplizieren, indem sie sie zu ihnen fremden Ausdrucksformen für ihre Trauer drängen.

Rosenblatt (1993, S. 18) drückte das so aus:

„Es zahlt sich aus, jede(n) Einzelne(n) so zu behandeln, als käme sie oder er aus einer fremden Kultur. Diese interkulturelle Sympathie ist nämlich eine Art Metapher. Um effektiver zu helfen, müssen wir unsere Vorgaben überwinden und darum kämpfen, Menschen nach ihren eigenen Bedingungen zu verstehen."

Aufgabe 3: Sich auf ein Leben einstellen, in dem der oder die Verstorbene fehlt

Diese Aufgabe ist für jede Beziehung anders. Unterschiedliche Menschen müssen sich an unterschiedliche Umstände anpassen. Bei den meisten Menschen wird es nötig sein, dass sie sich auf den Verlust der Partnerschaft und der emotionalen Unterstützung, die sie von dem geliebten Menschen bekamen, einstellen. Andere müssen auch noch all die Dinge, die der andere tat, ausgleichen. Das kann heißen, dass nun jemand anderes die Mahlzeiten zubereitet, den Rasen mäht, Fahrdienste übernimmt und Verabredungen trifft. Vielleicht gibt es nun niemanden mehr, der ihnen jeden Morgen sagt, dass sie geliebt werden oder der ihnen besondere Geschenke macht. Für alle gemeinsam ist, dass sie mit einem Wechsel fertig werden müssen. Manche Menschen erlernen dann neue Fertigkeiten, andere werden Menschen finden, die ihnen bei den unterschiedlichsten Tätigkeiten, die zum Leben gehören, helfen.

Aufgabe 4: Emotionale Energie zurücknehmen und in Neues investieren

Während der letzten Aufgabe der Trauer beginnen Menschen wieder, ihr Leben zu leben. Das kann eine sehr schwierige Aufgabe sein, weil die Trauernden anfangs das Gefühl haben können, illoyal gegenüber dem Verstorbenen zu sein. Ein trauernder Mensch braucht die Gewissheit, dass er den geliebten Verstorbenen nicht vergessen wird, dass der Verstorbene ewig in seinem Herzen und in seinen Gedanken bleiben wird. Menschen, die diese Aufgabe erfolgreich bewältigen, werden in der Lage sein, ihre Energien auf neue Aktivitäten oder neue Beziehungen zu richten, statt in der Bindung zu dem Verstorbenen zu verharren.

Die Vollendung dieser Aufgaben ist nötig, um die Trauer zu überwinden

Jede Person wird diese vier Aufgaben auf einzigartige Weise vollenden, um den Verlust zu überwinden. Manche tun das sehr still und ruhig und sparen die starken Emotionen für Zeiten auf, in denen sie allein sind. Andere sind offensichtlich unglücklich. Die Art und Weise, wie Erwachsene trauern, kann von solchen Faktoren wie Geschlecht, Familie oder kulturelle Traditionen, Art der Beziehung mit der verstorbenen Person und früheren Erfahrungen mit Tod oder anderen Krisen oder Nöten beeinflusst sein. Es gibt aber eine Gemeinsamkeit: Wenn eine oder mehrere der vier Aufgaben, die Worden beschrieben hat, nicht vollendet wird, wird der trauernde Mensch sehr wahrscheinlich in Trauer verharren und sich nicht völlig von dem Verlust erholen. Unverarbeitete Trauer kann später im Leben wieder an die Oberfläche dringen und ein wesentlicher Grund für lange Qualen des Hinterbliebenen und der Menschen um ihn herum sein (Feil 1993).

Es gibt verschiedene Gründe, warum manche Menschen sich nicht von einem Verlust erholen. Manche Menschen erhalten keinerlei Hilfe, den Verlust zu überwinden. Wir haben dieses Buch geschrieben, damit das bei Menschen mit geistiger Behinderung nicht eintritt. Andere Menschen denken oder handeln auf eine Art und Weise, die verhindert, dass sie mit ihren Aufgaben im Prozess der Trauer abschließen können, um zu genesen. Beispielsweise kann jemand nicht akzeptieren, dass die geliebte Person gestorben ist; das tritt besonders dann ein, wenn es einen Unfall oder einen gewaltsamen Tod gab und der Leichnam nicht gefunden wurde oder von dem Hinterbliebenen nicht mehr angesehen werden konnte. Wieder andere fühlen sich illoyal gegenüber dem Verstorbenen, wenn sie ihr Leben bedeutsam verändern, etwa indem sie wieder heiraten, umziehen oder neue Gewohnheiten entwickeln. Es kann sehr schwer sein, jemanden, der in einem chronischen Zustand der Trauer verharrt, zu beeinflussen. Doch Helfer müssen akzeptieren, dass nicht jeder die notwendigen Schritte unternimmt, seine Trauer gänzlich zu verarbeiten. Es ist wichtig, diese Individuen und ihre gegenwärtigen Bewältigungsfähigkeiten und -umstände zu respektieren.

Reaktionen der Trauer

Viele Autoren haben die vorherrschenden Reaktionen von Menschen in Trauer beschrieben. Der Psychiater Dr. med. Erich Lindemann war einer der ersten, der das Thema Trauer untersuchte. Seine Arbeit gilt auch heute noch als führend auf diesem Gebiet. J. William Worden und Therese Rando sind zwei weitere Hauptautoren auf diesem Gebiet. Die Reaktionen, die wir im Folgenden beschreiben, stammen aus den Werken dieser drei Spezialisten (Lindemann 1944; Worden 1982; Rando 1993).

Trauernde können eine Art der Reaktion zeigen oder verschiedene in Kombination. Diese Reaktionen können für eine Weile sehr heftig auftreten und dann abnehmen, sie können auch gemäßigt auftreten, dann aber lange Zeit andauern. Zur Information über Warnsignale, die den Bedarf an professioneller Hilfe anzeigen, siehe Kapitel 5 „Professionelle Unterstützung". Im nachstehenden Kasten finden Sie eine Liste von Reaktionen und Gefühlen, wie viele Erwachsene sie nach einem Todesfall erleben.

Trauer

Trauer ist eine typische Reaktion auf einen Todesfall, und Weinen kann, muss aber nicht damit einhergehen. Manche Menschen sind tieftraurig und doch unfähig oder noch nicht bereit, Tränen zu vergießen. Es ist eine Hilfe für trauernde Menschen zu wissen, dass Trauer in jeder Form, die sie brauchen, erlaubt ist.

> **Reaktionen auf Trauer und Verlust**
>
> Weil Trauer so schmerzlich und mitunter überwältigend sein kann, können Menschen sich dadurch verängstigt und verwirrt fühlen und das kann zu alarmierenden Reaktionen führen. Viele Menschen machen sich Sorgen, dass sie „verkehrt" reagieren und fragen sich, ob es eine „richtige" Art zu trauern gibt. Es gibt keine „richtige" Art der Trauer. Viele verschiedene Arten von Trauer können als normal betrachtet werden. Vielleicht brauchen sie Rat oder suchen eine Selbsthilfegruppe oder Freunde auf, mit denen sie ihre Fragen besprechen können, wenn sie mit einem Todesfall konfrontiert werden oder über die besonderen Reaktionen eines anderen Menschen darüber besorgt sind.

Hilfreich ist, einige der Reaktionen und Gefühle zu kennen, die viele Menschen nach einem Todesfall so erlebt haben. Dazu gehören die folgenden:

- Körperliche Zeichen und Beschwerden wie Seufzen, Atembeschwerden, Druck auf der Brust, ein enges Gefühl in der Kehle, Fehlen von Tatkraft und Erschöpfung.

- Änderungen des Schlafverhaltens – nicht schlafen können, ständig schlafen oder vorzeitig wach werden und nicht wieder einschlafen können. Träume können sich um die verstorbene Person oder die Ereignisse, die zu ihrem Tode führten, drehen.

- Änderung des Essverhaltens – Appetitlosigkeit oder ständiger Drang zu essen, um das Gefühl der inneren Leere zu überwinden.

- Übernahme einiger Charakteristika der verstorbenen Person, etwa die Art und Weise, wie er oder sie sprach oder den Kopf hielt oder Mahlzeiten auswählen, die er oder sie gerne mochte.

- Das Gefühl, alleingelassen zu sein und vom Rest der Welt abgeschnitten.

- Reizbar, ruhelos und ängstlich sein, ohne zu wissen warum.

- Unfähig sein, sich zu konzentrieren oder sich an Dinge zu erinnern.

- Angst, allein zu sein, Angst, unter Menschen zu gehen, Angst, das Haus zu verlassen oder im Haus zu bleiben, Angst, im Bett zu schlafen.

- Der Wunsch, wieder und wieder über den verstorbenen Menschen zu sprechen.

- Der Wunsch, viel Zeit zu haben, an den verstorbenen Menschen zu denken, selbst wenn dann notwendige Dinge nicht erledigt werden können.

- Gefühle von Wut oder Schuld gegenüber dem Verstorbenen, weil er fort ist.

- Plötzliche Wutanfälle und untypisches Verhalten.

- Unterdrücken von Gefühlen als eine Art, mit etwas umzugehen, das für den Moment als zu schwer empfunden wird.

- Durch den Stress der Verlusterfahrung öfter als gewöhnlich krank zu sein.

- Gebrauch von Alkohol oder Drogen, um mit dem Verlust fertig zu werden.

- Hinwendung zu Gott oder einem Glauben, um Unterstützung zu finden, oder sich davon abwenden, in dem Gefühl, dass Gott oder Glaube versagt haben.

Wut

In ihrer Trauer können Menschen stärkere Gefühle erleiden und Schwierigkeiten haben, sie zu kontrollieren. Hinterbliebene reagieren mitunter schneller und intensiver als gewöhnlich. Viele Menschen empfinden nach einem Todesfall Wut, die sich in verbalen Ausbrüchen, unangemessenem Verhalten oder genereller Reizbarkeit ausdrücken kann. Ein geistig behinderter Mann erklärte nach dem Tod seiner Mutter, dass nichts in seiner Wohngruppe in Ordnung war. Das Essen war nicht in Ordnung, seine Kleidung war ihm nicht recht, und auf der Arbeit ging es auch nicht gut. Er war traurig und wütend über den Tod seiner Mutter, und diese Gefühle drückten sich in seinen Klagen über andere Bereiche seines Lebens aus.

Schuld

In der Zeit der Trauer können Schuldgefühle aufkommen. Menschen können Schuld empfinden, weil sie nicht freundlicher zu den geliebten Verstorbenen waren oder weil ihr letztes Zusammentreffen mit ihnen unangenehm verlief. Vielleicht haben sie sogar den Tod gewünscht oder dass die Person weg sein soll und fühlen sich, wenn die Person tatsächlich stirbt, sehr schuldig. Schuldgefühle treten besonders dann auf, wenn Menschen glauben, dass sie irgendwie für den Tod verantwortlich sind. Wenn sie gar keine Verantwortung für den Todesfall trifft, sprechen wir von „magischem Denken", der irrigen Annahme, dass eine Handlung eine andere verursachen kann, obwohl diese nichts damit zu tun hat. In solchen Situationen ist es wichtig und hilfreich, dem Menschen verständlich zu machen, dass nicht er oder sie den Tod verursacht hat.

Eine andere Sorte von Schuldgefühlen, die Menschen erleiden, ist die sogenannte „Schuld der Überlebenden" (Sirnos 1979). Mitunter liest man in Zeitungen über diese Art von Schuldgefühlen infolge eines Unglücks wie eines Flugzeugabsturzes. Überlebende fragen sich, warum die Opfer sterben mussten und sie selbst leben. Auch ältere Menschen haben manchmal damit zu tun, wenn sie vom Tod kleiner Kinder hören. Sie fragen sich, warum sie noch leben, ein Kind aber sterben musste. Eine 23-jährige Frau mit Down-Syndrom schien ähnliche Gefühle ausdrücken zu wollen, als sie über den Tod eines Nachbarn, eines Studenten, sprach.

„Er war Mister Perfect. Er war schick. Er studierte. Er hatte eine Freundin. Ich mache alles falsch, ich hätte an seiner Stelle sterben sollen."

Bei andauernden Schuldgefühlen bedarf es meist professioneller Hilfe.

Körperliche Symptome

Körperliche Beschwerden sind die physischen Reaktionen auf emotionalen Stress. Es ist nicht ungewöhnlich, dass Menschen, die einen Verlust durch Tod erleiden, ein Gefühl von Enge in der Kehle verspüren, einen trockenen Mund haben, Druck auf den Brustkorb, anhaltende Schwäche in Armen und Beinen, ein Gefühl der Leere, Kopfschmerzen, Leibschmerzen, Überempfindlichkeit auf Geräusche, leichte Schwindel- oder Ohnmachtsgefühle und ein durchgängiges Gefühl von Erschöpfung. Sie seufzen oft. Häufig kommt es zu Störungen des Appetits und des Schlafs. Manchmal empfindet der Hinterbliebene körperliche Beschwerden, die den physischen Symptomen ähnlich sind, die der Verstorbene vor seinem Tod beschrieb. Das passiert insbesondere dann, wenn die Beziehung sehr eng war und der Angehörige an den Folgen einer Krankheit gestorben ist.

Ruhelose Überaktivität

Manche Menschen reagieren auf einen Todesfall mit einem starken Gefühl der Ruhelosigkeit. Häufig versuchen sie dann, mit diesem Gefühl fertig zu werden, indem sie sich viel beschäftigen. Vielfältige Aufgaben, lange Wanderungen und hohes Tempo sind dann nicht ungewöhnlich.

Sich anders als andere fühlen

Nach einem Todesfall ist es oft so, dass Menschen sich gänzlich anders als andere und im Abseits fühlen. Die Menschen empfinden ihr Leben als gänzlich verändert, ihre Emotionen liegen bloß, und sie können sich kaum konzentrieren, so dass sie ihr Leben als völlig anders als das ihrer Umgebung empfinden.

Übernahme von Merkmalen des Verstorbenen

Es kann vorkommen, dass ein Hinterbliebener Charakteristika oder Gewohnheiten des Verstorbenen übernimmt, etwa den Kopf auf eine bestimmte Weise hält, Ausdrücke, die der Verstorbene verwandte, benutzt oder sich auf ähnliche Weise kleidet. In Fällen, wo die trauernde Person anfängt, physische Symptome des Verstorbenen zu zeigen, wäre es gut, professionelle Assistenz zu suchen. Siehe Kapitel 5 „Professionelle Assistenz".

Rückzug

Wenn eine geliebte Person gestorben ist, gibt es eine Tendenz, sich zurückzuziehen. Menschen empfinden Angst und fühlen sich hilflos gegenüber dem Tod und ziehen sich in die genannten Verhaltensmuster zurück.

Verlust der täglichen Routine

Sehr oft geraten Trauernde aus der Bahn ihrer täglichen Routine, insbesondere in der Anfangsphase der Trauer. Viele der gewohnten täglichen Aktivitäten können davon betroffen sein, z. B. die Mahlzeiten, Arbeitsbedingungen und Freizeitgewohnheiten. Je schwieriger und komplexer die Aktivität ist, desto eher können trauernde Menschen Schwierigkeiten haben, sie auszuführen. Sei es, dass diese Aktivitäten zu schwer zu behalten sind oder dass die Menschen ihre Konzentration verlieren oder dass es ihnen an Energie dafür fehlt.

Erfahrungen mit dem Bild des Verstorbenen

Es ist nicht ungewöhnlich, dass manche Menschen Situationen erleben, in denen sie denken, sie sehen oder hören den Verstorbenen, haben das Gefühl, dass er anwesend ist, oder träumen regelmäßig von dieser Person. Obwohl viele Menschen dieses erleben, sprechen sie oft erst dann darüber, wenn jemand anderes von einer ähnlichen Erfahrung berichtet. Werden solche Erfahrungen nicht geteilt und versteht man nicht, dass sie ganz normal sind, kann das bei vielen trauernden Personen zu der Sorge führen, sie würden verrückt.

Ein etwa 30-jähriger geistig behinderter Mann aus South Carolina hatte solche Erfahrungen, in denen er seine verstorbene Mutter sah und hörte. Nach ihrem Tode lebte dieser Mann bei seiner Großmutter. Sein Leben hatte einen Bruch erlitten. Er weinte sehr viel, aß wenig, und sein Schlaf war gestört. Eines Nachts wollte seine Großmutter ihn zurück ins Bett schicken, nachdem sie ihn im Haus umherwandernd gefunden hatte. Er aber bestand darauf, dass er seine Sonnenbrille finden müsste, wegen eines hellen Lichts, das in seinen Augen schmerzte. Später beschrieb er, wie er seine Mutter gesehen und gehört hatte. Sie sagte ihm, dass sie ganz in Ordnung wäre und dass es ihm auch besser gehen würde. Sie sagte ihm, dass er sein Leben fortsetzen und sich vernünftig verhalten müsse. Nach diesem Erlebnis begann der Mann, sich auf seinen großen Verlust einzustellen. Er kehrte zur Arbeit zurück und war in der Lage, seine täglichen Aktivitäten wieder aufzunehmen.

Manche Menschen interpretieren solche Berichte als Beweis, dass es ein Leben nach dem Tode gibt. Andere glauben, dass die Seele der hinterbliebenen Person hilft, das zu sehen und zu hören, was sie braucht, um in Zeiten tiefer Trauer wieder zu genesen. Wahrscheinlich gibt es auch andere Erklärungen. Unabhängig davon, was jemand glaubt, bleibt die unwidersprochene Tatsache, dass eine Reihe von Menschen solche Erfahrungen haben (Tatelbaum 1980). Die Geschichte des Mannes aus South Carolina ist den Berichten einer Vielzahl von Hinterbliebenen bemerkenswert ähnlich.

Spirituelle Suche, spirituelle Fragen

Grollman (1996) lenkte die Aufmerksamkeit auf einen anderen Effekt der Trauer. Der spirituelle Glaube wird häufig infolge eines Todesfalls in Frage gestellt. Eine trauernde Person mag sich Fragen wie die folgende stellen: Warum hat Gott diesen Menschen von mir genommen? Wer bin ich ohne diese Beziehung? Welche Bedeutung hat das Leben für mich, nachdem dieser Mensch gestorben ist? Was glaube ich wirklich, was mit einem Menschen nach dem Tod geschieht? Trauernde brauchen dann Hilfe von anderen. Rituale wie Besuche, Beerdigungen und Gottesdienste sind oft hilfreich.

Trauerzeit

Es gibt kein definiertes Zeitmaß für die Dauer der Trauer (Worden 1982; Rando 1993). Sie hängt vielmehr von einer großen Anzahl von Faktoren ab, dazu gehören die Art und Weise, wie der Verstorbene ums Leben kam, die Art der Beziehung mit der verstorbenen Person, emotionale und soziale Hilfen für den Hinterbliebenen, weitere Verluste in letzter Zeit, die Gesundheit und die Fähigkeiten des Hinterbliebenen, mit Dingen fertig zu werden, die Einstellung zum Sterben.

Für die USA gilt, dass hier die Dauer der Zeit, die ein Mensch braucht, um einen Todesfall zu verarbeiten, schwer unterschätzt und nicht erkannt wird. Der Mythos, dass Menschen wenige Tage nach einem schmerzlichen Verlust voll funktionsfähig an die Arbeit zurückkehren könnten oder in wenigen Wochen wieder die Alten seien, bereitet der hinterbliebenen Person zusätzlichen Stress. Erwartungen der Familienmitglieder, der Freunde, Mitarbeiter, Vorgesetzten und einiger Professioneller, man habe in wenigen Monaten mit der Trauer abgeschlossen, verkennen den Umbruch, den Trauer und Trauern bedeuten. Früher hatten Traditionen wie das Tragen einer schwarzen Armbinde während eines Jahres nach dem Tod einer geliebten Person die Bedeutung, den Verstorbenen zu ehren und anderen die Möglichkeit zu geben, einen Hinterbliebenen zu erkennen, der für lange Zeit nach dem Tod nicht „er selbst" sein würde.

Einfühlsamkeit und Unterstützung für die Person, die einen Verlust durch Tod erlitten hat, ist mindestens im ersten Jahr nach dem Tod wichtig. Ein weithin akzeptierter Mythos besagt, dass Trauer und Trauern in einem Jahr vorüber sind. Ein Jahr markiert das Ende vieler ungewohnter Erfahrungen im Leben ohne die verstorbene Person, wie die erste Urlaubszeit, den ersten Frühling usw. Dennoch empfinden viele Menschen, dass das zweite Jahr seine eigenen Schwierigkeiten mit sich bringt, weil die Realität des Todes endgültiger wird. Deits (1988), ein methodistischer Geistlicher und Seelsorger, hat Zeitpunkte während der Trauerperiode herausgefunden, die für viele Leute von besonderer Bedeutung sind: 3 Monate, 6 bis 9 Monate, 12 Monate und 18 Monate nach dem Todesfall. Nach 3 Monaten trifft der Schlag des Verlusts einen Hinterbliebenen voll. Zwischen dem 6. und 9. Monat kann das natürliche Immunsystem geschwächt und der Hinterbliebene anfälliger für körperliche Krankheiten sein. Der Jahrestag nach 12 Monaten kann sowohl eine Zeit der Trauer als auch der Hoffnung auf die Zukunft sein. Nach 18 Monaten erleiden manche Menschen etwas, das ihnen wie ein Rückfall in die Trauer erscheint. Sie stellen fest, dass sie die Trauerzeit noch nicht abgeschlossen haben. Pastor Deits vermerkte dazu, dass dieser Bruch auf dem Weg zur Genesung in Wirklichkeit ein Zeichen des Fortschritts ist, nicht des Rückschritts; er währt nicht lange, und man begegnet ihm am besten, indem man sich verhält, als sei der Verlust erst vor kurzem geschehen. Mit der Zeit und mit angemessener Unterstützung lässt die Trauerreaktion üblicherweise nach. Mitunter gibt es aber Trauerreaktionen noch Jahre nach dem Todesfall (Rando 1993).

Auslöser von Trauer

Noch nach Jahren kann die Trauer über den Verlust durch einen Todesfall durch viele Dinge ausgelöst werden, etwa bestimmte Daten (z. B. das Sterbedatum oder Geburtstage); neue Verluste, die an die früheren erinnern; Änderungen, die mit der eigenen Entwicklung zusammenhängen, wie der Umzug in eine neue Wohnung oder der erste Arbeitsplatz, ohne dass Mutter oder Vater dieses Ereignis miterleben; Aktivitäten oder Orte, die man zusammen mit dem Verstorbenen genossen hatte; schließlich Wechsel der Jahreszeiten, insbesondere Frühling und Herbst. Zu solchen Zeiten treten die Emotionen, die der Verlust ausgelöst hatte, wieder hervor, und das Verhalten kann sich für einige Zeit ändern.

Kapitel 2
Was ist für Erwachsene mit geistiger Behinderung kennzeichnend?

Kapitel 1 beschrieb Charakteristika von Trauer und Verlust, die viele Menschen in den USA gemeinsam haben. Erwachsene mit geistiger Behinderung haben darüber hinaus einige Charakteristika und Erfahrungen, die sich von denen der so genannten Normalbevölkerung unterscheiden. Diese Charakteristika und Erfahrungen können ihre Art zu trauern beeinflussen und haben auch Einfluss darauf, wie andere Menschen ihre Trauerreaktionen auffassen und interpretieren. Ein interessanter Punkt, den wir nennen möchten, ist, dass vieles von dem, was als typisch für Erwachsene mit geistiger Behinderung beschrieben wurde, eigentlich mehr von den Aktionen der anderen abhängt als von den Charakteristika oder Handlungen der erwachsenen Menschen mit geistiger Behinderung selbst. So können z. B. andere eben wegen der Diagnose „geistige Behinderung" Erwachsene mit geistiger Behinderung unterschiedlich behandeln.

Allgemeine Lebensumstände von Erwachsenen mit geistiger Behinderung

Dieses Kapitel beschreibt einige allgemeine Beobachtungen bei Erwachsenen mit geistiger Behinderung. Wieder gilt zu bedenken, dass alle Menschen individuell unterschiedlich sind, d. h., nicht alle Erwachsenen mit geistiger Behinderung weisen alle genannten Charakteristika auf oder haben dieselben Erfahrungen. Einige Punkte, in denen sich Behinderte von nichtbehinderten Gleichaltrigen unterscheiden, können die folgenden sein:

- Schwierigkeiten beim Lernen und Verstehen (kognitive Schwierigkeiten);
- eingeschränkter oder veränderter Ausdruck von Emotionen;
- die Tendenz, positiv zu reagieren;

- ihr Verhalten zeigt (eher als Worte) die wahren Gefühle;
- sie werden oft von ihren Familienmitgliedern und Professionellen anders als andere behandelt;
- Familienmitglieder oder Professionelle handeln oft als ihre Berichterstatter oder interpretieren sie;
- es fehlt ihnen an sozialer Unterstützung;
- ihr Gefühl für persönliche Beziehungen wird oft nicht deutlich;
- zu ihrer Geschichte gehören vielfältige Verluste;
- es fehlt an Hilfsquellen;
- die Zukunft ist unsicher.

Schwierigkeiten beim Lernen oder Verstehen (kognitive Schwierigkeiten)

Einer der Hauptgründe, weswegen manche Familienmitglieder oder Professionelle nicht mit Erwachsenen mit geistiger Behinderung über den Tod sprechen, sind ihre Schwierigkeiten beim Lernen oder Verstehen. Andere nehmen an, dass Erwachsene mit geistiger Behinderung nicht verstehen, was geschehen ist. Früher glaubten viele Leute, dass Kinder das Konzept des Todes auch nicht verstehen würden, doch heute gibt es eine Reihe von Büchern eigens, um Kinder etwas über den Tod zu lehren (s. S. 64). Bowlby (1980) berichtet von der Arbeit von Robert und Erna Furman; sie hatten herausgefunden, dass sogar ein Kind, das nicht älter als zwei Jahre ist, versteht, dass der Tod irreversibel ist und natürlicherweise eintritt. Der Schlüssel zum Verstehen des Kindes ist abhängig von dem, was ihm oder ihr erzählt wird und ob diese Information mit seinen oder ihren Erfahrungen übereinstimmt oder nicht. Wenn man z. B. einem Kind sagt, dass es natürlich ist, sich traurig zu fühlen und zu wünschen, man könne den verstorbenen Menschen zurückholen, wird er oder sie sich verstanden fühlen, denn das trifft wahrscheinlich genau, was das Kind fühlt.

Die kognitiven Fähigkeiten geistig behinderter Menschen variieren von Person zu Person sehr stark. Es mag sehr schwierig sein, sicher zu wissen, wie jemand mit schwerer oder sehr schwerer geistiger Behinderung einen Todesfall erlebt. Doch die meisten Menschen mit geistiger Behinderung haben, wenn auch eingeschränkte, kognitive Fähigkeiten. Ein Todesfall löst bei ihnen Empfindungen aus, und sie haben die Fähigkeit, dieses Thema zu verstehen und darüber zu sprechen (in dem Ausmaß, wie jeder von uns diesen Begriff versteht und akzeptiert). Assistenz, um etwas über den Tod zu lernen und über die möglichen Reaktionen, die während der Trauer zu erwarten sind, wird ihnen gut tun. Wie Tatelbaum (1980, S. 11) im Hinblick auf Menschen im Allgemeinen anmerkte, „ist es unsere Unkenntnis von Trauer, die unsere Angst, Verzweiflung, Hoffnungslosigkeit und Hilflosigkeit verstärkt, wenn wir in unserem Leben einem schweren Verlust gegenüberstehen".

Es ist entscheidend, dass Helfer sich auch klarmachen, dass Erwachsene mit geistiger Behinderung nicht den Begriff Tod verstehen müssen, um den Verlust zu empfinden. Wahrscheinlich empfinden sie einen Verlust und Trauer, wenn Menschen, die ihnen früher nahe standen, nicht mehr ihr Leben begleiten. Das wird unabhängig von ihrem Todesverständnis geschehen. Beweggrund, dann für Assistenz zu sorgen, ist das Erleiden eines Verlusts und die folgende Trauer über diesen Verlust, nicht die Frage, ob Erwachsene mit geistiger Behinderung in der Lage sind, den Begriff Tod zu verstehen oder nicht. Mit der Zeit werden diese Erwachsenen dann vielleicht einem Verständnis vom Tod näher kommen. Wenn z. B. die Zeit vergeht und der geliebte Mensch nicht wiederkommt, können solche Menschen dahin kommen zu verstehen, dass der Tod endgültig ist – eine Auffassung, die sie vielleicht noch nicht hatten, als sie dem Tod zum ersten Mal begegneten.

Zusammenfassend lässt sich sagen, das größte Dilemma liegt nicht darin, dass manche Erwachsenen kognitive Schwierigkeiten wegen ihrer geistigen Behinderung haben. Das wirkliche Problem tritt vielmehr auf, wenn Helfer sofort annehmen, dass Erwachsene mit geistiger Behinderung einen Verlust nicht empfinden, dass sie vor der Wahrheit beschützt werden müssen oder dass der Verlust für sie weniger belastend wäre, wenn man nicht über dieses Thema spricht. Dann ist die Quelle für die Hilfen, die sie brauchen, versiegt, bevor der Hilfeprozess beginnen kann.

Eingeschränkter oder veränderter Ausdruck von Gefühl

Viele Erwachsene mit geistiger Behinderung drücken ihre Gefühle nicht in der Weise aus, wie es erwachsenentypisch ist, vor allem, wenn die Gefühle, die sie haben, nicht positiv sind. Ihre Mienen und ihre Worte drücken womöglich nicht ihre wahren Gefühle aus. Sie können z. B. nach außen ein freundliches oder neutrales Gesicht zeigen, während sie sich innerlich verletzt fühlen. Das kann insbesondere bei älteren Erwachsenen mit geistiger Behinderung zutreffen, die vielleicht nie etwas über Emotionen gelernt haben oder die vielleicht unangenehme Konsequenzen zu spüren bekamen, als sie alle ihre Emotionen mitteilten. Bei der Arbeit mit Menschen mit geistiger Behinderung kann es wichtig sein, nach anderen Indikatoren ihrer wirklichen Emotionen Ausschau zu halten, etwa in ihrem Verhalten, und nonverbale Mittel zu benutzen, um ihnen zu helfen, ihre Emotionen auszudrücken.

Die Tendenz, positiv zu reagieren

Manche Menschen mit geistiger Behinderung haben die Tendenz, auf jedwede Frage, die ihnen gestellt wird, bestätigend zu antworten (Sigelman u.a. 1982). Sie können z. B. behaupten, sie seien glücklich, auch wenn sie traurig oder wütend sind (siehe Abb. 1 und 2). Sie können sich so verhalten, weil sie über Jahre den Wunsch entwickelt haben, der Person, mit der sie zu tun haben, zu gefallen und sozial erwünschte Antwort zu geben, oder weil sie sich unsicher fühlen wegen der Konsequenzen auf eine Antwort, die negativ zu sein scheint. Was wird z. B. passieren, wenn sie sagen, dass sie ärgerlich sind? Wird jemand im Gegenzug böse mit ihnen sein? Werden sie zum Psychiater geschickt? Müssen sie aus ihrer Wohngruppe ausziehen?

Verhalten weist (eher als Worte) auf die wahren Gefühle hin

Bei manchen Erwachsenen mit geistiger Behinderung kann ein Wechsel des Verhaltens ein besserer Indikator dafür sein, dass sie aus der Fassung sind, als ihr Gesichtsausdruck und ihre Worte. Emmerson, eine Beraterin auf dem Gebiet der Behindertenhilfe, arbeitete häufig in Familien oder Wohnstätten, wenn ein

Abb. 1: Manche Erwachsene mit geistiger Behinderung tendieren dazu, positiv zu reagieren, selbst wenn sie traurig sind. Die Zeichnerin zeichnete ihre Familienmitglieder nach einem Todesfall. Beachten Sie das Lächeln auf den Gesichtern.

Abb. 2: Die Antwort der Zeichnerin auf die Frage: „Was fühlen Menschen in ihrem Inneren?"

Mensch mit geistiger Behinderung uncharakteristische Verhaltensweisen wie verbale oder physische Aggression oder extremen Rückzug entwickelte. Sie berichtet (1977), dass 50 % dieser Klienten kurz vor dem Entstehen dieser Symptome entweder einen Todesfall oder den Verlust eines nahe stehenden Menschen erlitten hatten.

Folgende Verhaltensweisen sollten beobachtet werden:
– Haben sich die Schlafgewohnheiten geändert?
– Schläft der oder die Hinterlassene mehr oder weniger als normalerweise?
– Ist der Schlaf gestört?
– Haben sich die Essgewohnheiten geändert?
– Hat sich die Arbeitsfähigkeit geändert?
– Zieht sich die Person von sozialen Aktivitäten zurück?
– Gibt es eine Steigerung, was Anzahl und Schwere körperlicher Symptome anbelangt?
– Haben sich irgendwelche persönlichen Charakteristika geändert? Zeigt z. B. eine üblicherweise freundliche Person verbale Ausbrüche?

Ein Mann, der in einer Wohnstätte in einer ländlichen Gemeinde wohnte, wechselte unerklärlicherweise von einem ruhigen, sanften Wesen zu Episoden, in denen er laut, ungeduldig und fordernd war. Mitarbeiter, die mit ihm zu tun hatten, standen vor einem Rätsel wegen dieser Änderung. Nach wiederholten Anstrengungen, den Grund für diesen Wechsel ausfindig zu machen, offenbarte der Mann einem Mitarbeiter, dass er sehr böse darüber war, dass seine Mutter vor acht Monaten gestorben war. Weil er nie über sie sprach, nie weinte oder andere Zeichen gab, dass er durcheinander war, hatten die Mitarbeiter angenommen, dass er schon mit dem Tod seiner Mutter fertig geworden sei und sich von dem Verlust erholt hätte.

Viele Verhaltensweisen, die für einen Menschen in Trauer normal sind, ähneln den Symptomen eines depressiven Menschen. Wenn ein Mensch über längere Zeit unter Schlafstörungen leidet oder seine Essgewohnheiten ändert oder sich von Aktivitäten, die früher beliebt waren, zurückzieht, sollte professionelle Unterstützung gesucht werden, um herauszufinden, ob diese Person unter einer klinischen Depression leidet.

Familienmitglieder oder Professionelle behandeln sie oft anders als andere

Sehr oft werden Erwachsene mit geistiger Behinderung behandelt, als ob sie Kinder wären. Man versucht oft, sie vor der harten Realität des Lebens und des Todes zu beschützen. Ein Betreuer einer selbstständigen Wohngruppe berichtete, dass er nicht vorhatte, einer Frau, die dort lebte, zu sagen, dass ihre Mutter im Sterben lag. Darüber hinaus hatte er nicht die Absicht, sie über den Tod, wenn er eingetreten war, zu informieren. „Sie hatte sehr schwere Zeiten in ihrem Leben", sagte er, „ich möchte, dass sie nur noch glückliche Tage erlebt." Er meinte es gut, aber Menschen mit geistiger Behinderung leben nicht im Vakuum. Ihr Leben wird vom Tod einer nahe stehenden Person beeinflusst. Wenn sie wegen ihrer geistigen Behinderung anders behandelt werden, kann das für sie eine zusätzliche Last bedeuten, mit der sie fertig werden müssen. Einige Menschen mit geistiger Behinderung hatten etwas über den Tod eines Familienmitglieds herausgefunden, weil sie die Traueranzeigen in der Zeitung gelesen hatten oder weil sie zufällig jemanden darüber in der Gemeinde sprechen hörten. Womöglich waren sie ausgeschlossen von Familientreffen oder rituellen Zusammenkünften im Zusammenhang mit dem Tod, wie der Beerdigung. Dann kann es sein, dass sie Hilfe brauchen, um mit ihren Gefühlen von Isolation und der Wut darüber, ausgeschlossen zu sein, und ebenso ihrer Trauer fertig zu werden. Sie können das Gefühl entwickeln, dass Tod ein Tabuthema ist oder dass sie die Gefühle anderer Familienmitglieder schützen müssen, indem sie nicht darüber sprechen. Im Gespräch mit einer der Autorinnen drückte ein etwa 30-jähriger Mann starke Gefühle über den Tod seiner Tante aus. Sie war offenbar eine wichtige Person in seinem Leben gewesen. Dass sie tot war, hatte er durch die Zeitung erfahren, zu Hause war es nicht erwähnt worden. Während des Gesprächs bat er die Autorin inständig, seiner Mutter nichts davon zu sagen. Offensichtlich wusste bei ihm zu Hause niemand vom Ausmaß seiner Trauer und dass er damit allein gelassen war, und er wollte die Familie nicht beunruhigen, indem das Thema angeschnitten wurde.

Familienmitglieder oder Professionelle sprechen oft stellvertretend oder interpretierend

Manche Erwachsene mit geistiger Behinderung sind keine verlässlichen Berichterstatter, d. h., sie haben Schwierigkeiten, Details akkurat zu erinnern und wiederzugeben. Andere haben nicht die verbalen Fähigkeiten, die nötig wären, damit jemand, der sie nicht genau kennt, eine Unterhaltung mit ihnen gut versteht. Familienmitglieder oder andere Betreuer können wertvolle Dienste als Berichterstatter leisten, um wichtige Ereignisse aus der Vergangenheit des geistig behinderten Menschen mitzuteilen, oder als Dolmetscher, um anderen verständlich zu machen, was der behinderte Erwachsene zu sagen versucht. Aber in dieser Situation liegt auch eine Gefahr. Ein Helfer kann die Gefühle und Erlebnisse einer Person fehl interpretieren. Das kann insbesondere im Hinblick auf Fragen von Trauer und Verlust zutreffen, weil viele Helfer mit Charakteristika typischer Trauer nicht vertraut sind und sich bei diesem Thema unwohl fühlen (Kloeppel/Hollins 1989).

Es ist wichtig, immer dann, wenn ein Dolmetscher oder Berichterstatter dabei ist, detaillierte Fragen zu stellen und nicht nur das zu erfragen, was dieser Helfer glaubt. Wenn Sie z. B. ein Elternteil sind und sich Sorgen machen, wie Ihr Sohn, der in einer Wohnstätte lebt, mit einem Todesfall fertig wird, dann fragen Sie nicht die Mitarbeiter, ob Ihr Sohn mit diesem Tod fertig wird, fragen Sie stattdessen nach Details.

Dazu können z. B. folgende Fragen gehören:
– Wie reagiert er, wenn die Mitarbeiter mit ihm über die verstorbene Person sprechen?
– Was hat er gesagt oder getan, dass die Mitarbeiter denken, er komme gut oder schlecht damit zurecht?
– Hat er sich ungewöhnlich verhalten?

Das Fehlen sozialer Unterstützung

Viele Menschen, die mit Erwachsenen mit geistiger Behinderung gearbeitet haben, waren von der Intensität geäußerter Emotionen noch viele Jahre nach dem Todesfall überrascht. Manche sprechen über einen Todesfall, der zehn Jahre zurückliegt, als habe er sich erst kürzlich ereignet. Das war ein überraschendes Phänomen. Nach Ansicht der Autorinnen haben manche Menschen den Trauerprozess nicht richtig verarbeiten können und blieben in ihrer Trauer gefangen. Es zeigte sich, dass bei den Menschen, mit denen die Autorinnen gearbeitet haben, der Tod eines Elternteils ganz besonders mit diesem Phänomen verbunden ist. Das ist nicht verwunderlich. Im allgemeinen haben geistig Behinderte kleinere soziale Unterstützungssysteme als nichtbehinderte Gleichaltrige. Die meisten von ihnen heiraten nicht, haben keine Kinder oder Enkel; für manche sind die Gelegenheiten, Freundschaften zu entwickeln, beschränkt. Oft ist der Wechsel von Mitarbeitern in Wohneinrichtungen beträchtlich. Die engsten Beziehungen in ihrem ganzen Leben könnten die Beziehungen zu ihren Eltern sein. So kann die Trauer über den Tod eines Elternteils bei ihnen viel längere Zeit in Anspruch nehmen, mehr Anstrengung und Unterstützung fordern als bei Hinterbliebenen der allgemeinen Bevölkerung.

Verborgene Gefühle der Bindung an andere

Manche Familienmitglieder oder Professionelle sind über die Intensität der Trauer, die ein Mensch mit geistiger Behinderung äußert, überrascht, weil sie nicht das Gefühl hatten, dass die Beziehung so eng war. So reagierte z. B. eine Frau sehr stark auf den Tod einer Tante, die ihr nie nahe zu stehen schien. Wieder gilt es, den relativ kleinen sozialen Kreis Erwachsener mit geistiger Behinderung zu bedenken. Diese Erwachsenen können befürchten, in einer Welt ohne Verwandte allein zu bleiben. Eine etwa 30-jährige Frau mit Down-Syndrom sorgte sich über Konflikte zwischen entfernten Familienmitgliedern: „Rechts und links sterben in meiner Familie die Menschen, ich muss die Übrigen zusammenhalten." Für einen Erwachsenen mit geistiger Behinderung ist die familiäre Beziehung wichtig, auch wenn sie im Vergleich zu anderen Beziehungen nicht das gleiche Muster des Gebens und Nehmens einschließt. Der Bruder einer Frau mit geistiger Behinderung, der an einer Geschwistergruppe teilnahm, berichtete von seinem Erstaunen, als er wahrnahm, wie nah seine Schwester sich ihm fühlte. Er hatte zu ihr nicht dieselbe Art von Beziehungen wie zu anderen wichtigen Menschen in seinem Leben. Ihre Gefühle der Bindung an ihn waren nicht leicht erkennbar.

Persönliche Geschichte vielfacher Verluste

Seien Sie sich bewusst, dass viele ältere Erwachsene mit geistiger Behinderung im Lauf der Jahre vielfache Verluste erlitten. Womöglich hatten sie zahlreiche Wohnortwechsel, Verluste von Freunden, mit denen sie lebten, Mitarbeiterwechsel, Wechsel beim Arbeitsplatz und bei Freizeitangeboten. Wenn die verstorbene Person der wichtigste Helfer eines Erwachsenen mit geistiger Behinderung war, können verschiedene Verluste (wie der Lebensbedingungen, der täglichen Routinen, der Verfügbarkeit von Hilfe und Aufmerksamkeit und der finanziellen Verhältnisse) auf einmal zusammentreffen (Kloeppel/Hollins 1989). Eine andere Folge vielfacher Verluste tritt ein, wenn ein neuer Verlust Gefühle hervorruft, die an einen Verlust, die ein Mensch früher im Leben erlitt, erinnern. Bei Menschen, die solche vielfältigen Verluste erlitten haben, kann Trauer sehr komplex sein. Der Hinterbliebene kann dadurch überwältigt sein und unfähig, die zur Genesung notwendige Trauerarbeit ohne Unterstützung zu vollenden.

Fehlen von Ressourcen

Erwachsenen mit geistiger Behinderung kann es an Kenntnissen oder Fähigkeiten fehlen, die ihnen helfen könnten, besser mit ihren Verlusten fertig zu werden. Manche hatten noch nie eine Begegnung mit dem Tod oder es fehlte an Training, das sie befähigen würde, besser zu verstehen, was geschieht. Oft fehlen ihnen Ressourcen oder Fähigkeiten, Handlungen auszuführen, von denen sie fühlen, dass sie hilfreich wären. Die meisten von ihnen haben z. B. keinen Führerschein oder kein eigenes Auto. Wenn sie einen Friedhof besuchen wollen, sind sie abhängig von öffentlichen Verkehrsmitteln oder vom Einverständnis und dem guten Willen von Familienmitgliedern oder Mitarbeitern. Sie haben eher nicht das Geld, Urlaub zu machen oder die Fähigkeit, eine Reise zu arrangieren, um von allem für eine Weile wegzukommen, wie es viele Menschen der Allgemeinbevölkerung tun, wenn sie unter Druck stehen.

Unsichere Zukunft

Die meisten Erwachsenen mit geistiger Behinderung brauchen lebenslange Unterstützung. Wenn diese Unterstützung zuvor von der verstorbenen Person geleistet wurde, kann die Zukunft ihnen wie ein großes schwarzes Loch erscheinen und sehr Furcht einflößend sein. Unabhängig davon, ob die Beziehung zwischen dem Erwachsenen mit geistiger Behinderung und dem verstorbenen Menschen eine offensichtlich nahe oder eine versteckte Bindung war, kann der Tod die Angst steigern, dass andere Personen im Leben des Hinterbliebenen auch bald sterben werden. Das kann dazu führen, dass dieser Mensch das Gefühl bekommt, die Welt sei unvorhersehbar, außer Kontrolle und unsicher.

Wenn Sie mit einem Erwachsenen mit geistiger Behinderung arbeiten, wird es hilfreich sein, diese Charakteristika und Erfahrungen präsent zu haben. Sie können ihnen den Schlüssel dazu liefern, warum jemand sich auf bestimmte Weise verhält, welche Emotionen ihn bewegen und wie Sie helfen können.

Kapitel 3
Wichtige Elemente der Unterstützung geistig behinderter Erwachsener im Trauerprozess

Mit Menschen mit geistiger Behinderung über den Tod ihnen nahe stehender Menschen zu sprechen und ihnen Zeit zur Trauer zuzugestehen, sind zwei wichtige Verhaltensweisen. Allzu oft wird Erwachsenen mit geistiger Behinderung nicht gesagt, dass ihnen nahe stehende Menschen gestorben sind. Wenn es ihnen gesagt wurde, fühlen sich Familien und Professionelle unsicher darüber, wie sie ihnen in ihrem Kummer helfen sollen. Manchmal versuchen Helfer(innen), sie abzulenken, damit sie nicht weinen oder andere starke Gefühle zeigen, weil sie irrtümlicherweise annehmen, dass sie nicht über den Tod außer Fassung geraten, wenn sie nicht weinen, doch, wie in Kapitel 1 dargelegt, müssen bestimmte Aufgaben der Trauer vollbracht werden, damit Menschen ihre Trauer über den Tod nahe stehender Personen gut abschließen können. Wie schon gesagt, glauben die Autorinnen, dass Erwachsene mit geistiger Behinderung die gleichen Aufgaben vollbringen müssen, um ihre Trauer zu bewältigen, wie die Allgemeinbevölkerung.

Die notwendigen Schritte

Überwiegend ist die Hilfe, die ein trauernder Mensch erhält, individuell für diese Person und die besondere Situation. Doch werden manche Handlungen für die meisten Erwachsenen mit geistiger Behinderung, die sie im Trauerprozess unterstützen, hilfreich sein. Helfer sollten folgende Empfehlungen berücksichtigen:

– Informieren Sie die betroffene Person, über den Todesfall.
– Erlauben Sie ihr und ermutigen Sie sie, ihre Gefühle mitzuteilen.

– Geben Sie Gewissheit, dass er oder sie nicht allein ist und dass andere da sind, um zu helfen.
– Denken Sie daran, dass der Trauerprozess Zeit braucht.
– Haben Sie Geduld mit der trauernden Person.
– Lernen Sie von ihr.

Sagen, dass ein Todesfall sich ereignet hat

Es gibt eine Diskussion darüber, ob Erwachsene mit geistiger Behinderung über Krankheit und Tod ihnen nahe stehender Personen informiert werden sollen. Die Autorinnen glauben im Gegenteil, dass Erwachsene mit geistiger Behinderung vollwertige Bürger ihrer Gemeinde sein sollen. Gelegenheiten, etwas über Ereignisse im Leben und Sterben, die sie im Innersten berühren, zu lernen, dürfen ihnen nicht vorenthalten werden. Täte man das, würde man sie vom vollen Ausmaß menschlicher Erfahrungen fernhalten. Lotte Moise (1978, S. 398), die Mutter einer Tochter mit geistiger Behinderung, beschrieb es gut:

„Wie weit lassen wir unsere Kinder das volle Ausmaß von Gefühlen erleben? Und wie können wir anderen ihre vollkommene Menschlichkeit ehrlich darlegen, wenn wir, ihre Eltern, weniger ehrlich mit ihnen sind? Und Ehrlichkeit beinhaltet, dass wir sie auf Krankheit und Sterben vorbereiten. Sie verdienen nicht weniger als das."

Es gibt noch zwei weitere Hauptgründe für Offenheit in Bezug auf den Tod. Erstens, Erwachsene mit geistiger Behinderung wissen es, wenn etwas nicht in Ordnung ist; etwas in ihrem Leben wird anders sein. Zum Beispiel kümmert sich niemand mehr um die Fahrmöglichkeit, um Mutter im Krankenhaus zu besuchen. Plötzlich ist ein neuer Mitarbeiter da, und niemand spricht vom früheren, der plötzlich verschwunden zu sein scheint. Großmutter schickt keine Geschenke mehr oder kommt nicht mehr zu Besuch. Wenn solche Änderungen ohne Erklärung passieren, benutzen Menschen meist ihre Vorstellungskraft, um die fehlenden Informationen zu ergänzen.

Vielleicht liefert ihre Vorstellungskraft schlimmere Erklärungen als die Wirklichkeit:

„Mutter liebt mich nicht mehr."
„Ich habe etwas falsch gemacht, deswegen ist mein Lieblingsmitarbeiter böse mit mir und will keine Zeit mit mir verbringen."
„Großmutter war krank, als ich sie zuletzt sah. Sie ist gestorben und ich werde auch sterben, weil ich dasselbe bekomme, was sie hatte."

Der zweite Grund, offen mit Erwachsenen mit geistiger Behinderung zu sprechen, ist der, dass sie besser darauf vorbereitet sind, mit dem Tod fertig zu werden, wenn sie direkt davon erfahren. Bowlby (1980) stellte fest: „Es ist kaum zu bezweifeln, dass die Tendenz, einen Todesfall nicht wahrhaben zu wollen, sich umso weniger festsetzen kann, je unmittelbarer die Kenntnis davon ist" (S. 182).

Wenn die Nachricht von einem Todesfall geheim gehalten worden ist, wird ein Hinterbliebener natürlich glauben, dass die geliebte Person eines Tages zurückkehrt. Bowlby berichtet, dass unvollkommene oder falsche Informationen zum Zeitpunkt des Todes häufig bedeuten, dass Menschen nicht in der Lage sind, bewusst zu trauern. Dann laufen sie Gefahr, viel kompliziertere Trauerreaktionen zu erleiden.

Es folgen Vorschläge, wie Erwachsenen mit geistiger Behinderung der Tod eines nahe stehenden Menschen mitgeteilt werden kann:

Finden Sie eine andere nahe stehende Person oder jemanden, der zumindest den erwachsenen Menschen mit geistiger Behinderung kennt und ihm vertraut ist, um die Nachricht vom Todesfall zu überbringen.
Wenn eine solche Person zur Verfügung steht, wird es helfen, den Schmerz und den Schock über diese schmerzliche Nachricht zu erleichtern .

Wählen Sie die Worte und die Situation, um jemanden über einen Todesfall zu unterrichten, sorgfältig aus.
Einige Vorschläge:
– Benutzen Sie eine vorbereitende Formulierung, z. B.: „Ich muss Ihnen eine traurige Nachricht überbringen." Oder: „Es fällt mir sehr schwer, Ihnen etwas zu sagen."

- Schlagen Sie vor, zum Sprechen an einen ruhigen Platz zu gehen.
- Fragen Sie die Person, ob es jemanden gibt, der oder die dabei sein soll.
- Gestehen Sie es der Person zu, aus dem Raum zu flüchten, wenn es ihr oder ihm nötig erscheint. Manche Menschen fühlen das Bedürfnis, den Platz, an dem sie schlechte Nachricht erhielten, zu verlassen und auch die Person, die diese schlechten Nachrichten überbrachte. Vielleicht möchte dieser Mensch mit jemandem zusammen sein, nachdem er Gelegenheit hatte, die Nachricht aufzunehmen .

Erklären Sie den Tod auf eine Art und Weise, die am besten der Fähigkeit dieses Menschen zu verstehen angemessen ist.
Es gibt keinen „richtigen Weg", jemanden über den Tod eines Nahestehenden zu unterrichten. Jede Situation ist einzigartig und jedes Gespräch wird einzigartig sein. Bei Erwachsenen mit geistiger Behinderung gibt es eine weite Spanne, was die Kenntnis und die Erfahrungen in Bezug auf Tod und Verlust anbelangt. Manche Erwachsenen haben schon früher Verluste durch Tod erlitten, andere sind womöglich vor diesem Begriff behütet worden. Setzen Sie Ihre Kenntnisse von dieser Person und Ihre Beziehungen zu ihr als Hilfe ein, um ihm oder ihr zu sagen, was geschehen ist. Die folgenden Vorschläge kennzeichnen einige Punkte, die zu bedenken sind.
- Erklären Sie den Tod mit Worten, von denen Sie denken, dass sie oder er sie verstehen wird.
- Verwenden Sie konkrete Bilder eher als abstrakte Begriffe. Sagen Sie z. B.: „Erinnern Sie sich daran, wie krank Großmutter aussah, als Sie sie letzte Woche sahen? Die Ärzte konnten ihr nicht helfen, gesund zu werden und sie ist gestorben." Und nicht: „Großmutter hat uns verlassen."
- Seien Sie offen, klar und ehrlich.
- Versuchen Sie, Sätze zu vermeiden, die mehrere Bedeutungen haben können. Sagen Sie: „Sie starb." Und nicht: „Sie ist eingeschlafen." Oder: „Sie ist in den Himmel geflogen." Wenn Sie Wörter mit übertragener Bedeutung verwenden, kann jemand später Angst vor der entsprechenden Aktivität haben. Ein Mensch kann sich z. B. fürchten, schlafen zu gehen oder mit einem Flugzeug zu fliegen.

- Bieten Sie an, Fragen zu stellen, und beantworten Sie sie aufrichtig.
- Verwenden Sie Beispiele, die dieser Mensch schon kennen gelernt hat. Der Tod eines Haustiers, eines Tiers in der Natur oder eines Vogels, der Tod einer Pflanze (vgl. Abb. 3).

Abb. 3: Auf die Bitte, ein Bild von jemandem Nahestehenden zu zeichnen, der gestorben ist, zeichnete eine Frau ihren Hund.

Machen Sie sich keine Sorgen, wenn es passiert, dass Sie etwas nicht auf ideale Art und Weise gesagt haben.
Die Fähigkeit eines Menschen, sich von einem Verlust zu erholen, hängt nicht davon ab, dass Sie zu einem bestimmten Zeit-

punkt alles perfekt sagen und tun. Trauern ist ein Prozess. Hilfe kommt mit der Zeit und wahrscheinlich von mehreren Personen. Wenn ein Erwachsener mit geistiger Behinderung etwas über den Tod falsch verstanden hat, kann man ihm oder ihr mit der Zeit helfen, besser zu verstehen, was geschehen ist.

Gestatten und ermutigen Sie, Gefühle zu zeigen

Mitunter sind Familienmitglieder und Betreuer von Ausmaß und Stärke der Emotionen verwirrt, die anfangs von einem Erwachsenen mit geistiger Behinderung geäußert werden. Sie können dann versuchen, starke Zeichen von Emotionen wie Weinen oder Wutausbrüche zu verhindern. Das ist verständlich, denn es ist sehr schwer, jemanden trauern zu sehen, besonders, wenn diese Person bisher von Problemen der Erwachsenenwelt beschützt worden war. Doch hilft der offene Ausdruck von Schmerz dieser Person, sich zu erholen. Im Allgemeinen wird der starke emotionale Ausdruck mit der Zeit abnehmen. Wenn die Trauerreaktion Sie überwältigt, holen Sie sich professionelle Assistenz oder Rat.

Manche Menschen reagieren auf den Tod einer nahe stehenden Person genau entgegengesetzt. Sie wirken nicht aus der Fassung gebracht und scheinen ziemlich ruhig, sie sprechen nicht über den Tod, sie können so auf ihre eigene Art damit fertig werden. Bedenken Sie dennoch, dass ein Erwachsener mit geistiger Behinderung vielleicht nicht die volle Konsequenz des Todes verstanden hat, dass die geliebte Person niemals wiederkommt. Es kann mehrere Monate dauern, den Verlust wahrzunehmen. Manche Erwachsene mit geistiger Behinderung zeigen mehrere Monate nach dem Todesfall einen uncharakteristischen Wechsel in ihrem Verhalten. Die Autorinnen weisen darauf hin, dass die meisten Erwachsenen mit geistiger Behinderung davon profitieren werden, wenn jemand das Gespräch über den Tod einleitet. Es wäre aber nicht gut, jemandem das Gespräch über dieses Thema aufzuzwingen. Sie sollten stattdessen die Gelegenheit, mit Ihnen darüber zu sprechen, über längere Zeit anbieten, mindestens einige Monate lang.

Sorgen Sie für die Sicherheit, dass jemand nicht allein ist und dass andere helfen können

Ob Hinterbliebene das Gefühl haben, andere sind ihnen während der Trauerperiode hilfreich oder nicht hilfreich, kann nachweislich beeinflussen, wie erfolgreich sie sich von dem Todesfall erholen (Bowlby 1980).

Ein Grund, weshalb Menschen es vermeiden, über den Tod zu sprechen, ist der, dass sie nicht wissen, was sie sagen oder tun sollen. Sie fühlen sich hilflos. Sie wissen, dass sie das Problem nicht lösen können, weil das Problem der Tod ist, und der Tod ist nicht rückgängig zu machen. Auch können trauernde Menschen Fragen stellen, die schwer zu beantworten sind oder gar nicht. Beispielsweise: Warum starb der, den ich liebte? Warum ist das jetzt geschehen? Was wird mir geschehen?

Als Helfer(in) müssen Sie sich darüber im Klaren sein, dass von Ihnen nicht erwartet wird, das Problem zu lösen. Sie können die Geschichte nicht ändern, sie können nicht einen Verkehrsunfall rückgängig machen oder den Krebs heilen, der einen geliebten Menschen getötet hat. Sie können außerdem einer trauernden Person auch nicht den Schmerz nehmen.

Sie können aber lernen, jemanden, der emotionalen Schmerz erleidet, zu trösten. Sie können da sein, so dass der Erwachsene mit geistiger Behinderung nicht allein bleibt. Sie können zuhören. Sie können streicheln. Sie können die Hand halten. Sie können eine Aktivität übernehmen, die vorher der Verstorbene mit dieser Person ausgeführt hat oder dafür sorgen, dass jemand anderes das tut. Sie können ihm oder ihr versichern, dass jemand in Zukunft da sein wird. Es kann hilfreich sein, einige Zeit darauf zu verwenden, mit dem Hinterbliebenen nach Menschen zu suchen, an die er sich bei unterschiedlichen Fragen wenden kann. Wer könnte z. B. den Menschen mit geistiger Behinderung zur Kirche fahren? Wer würde mit ihm essen gehen? Mit wem könnte er sprechen, wenn er sich traurig oder einsam fühlt? Weizman/Kamm (1985) stellten fest, dass trauernde Personen länger Hilfe und Unterstützung brauchen, als die üblichen sozialen und religiösen Bräuche in Bezug auf Tod in unserer Kultur anzeigen.

Bedenken Sie, dass der Trauerprozess seine Zeit braucht

Wie schon in Kapitel 1 gesagt, unterscheiden sich Menschen durch die Dauer der Zeit, in der sie akut Trauer empfinden. Wir möchten noch einmal wiederholen: Trauer dauert gewöhnlich länger, als viele Leute denken. Die Autorinnen haben Betreuer(innen) sagen hören, dass, wenn erst das Begräbnis vorbei wäre, die Menschen den Tod hinter sich lassen könnten und dass das Leben wieder normal werden könnte. Tatsächlich aber wurde das, was normal war, verloren. Der Hinterbliebene muss lernen, wie er ohne die geliebte Person leben kann. In Wirklichkeit fängt die Zeit der Anpassung, die wir auch Trauerarbeit nennen, gerade erst an.

Haben Sie Geduld mit trauernden Menschen

Trauernde haben oft das Bedürfnis, wieder und wieder Geschichten über ihre Beziehung zu der verstorbenen Person und Details ihrer Krankheit und ihres Sterbens zu erzählen. Das hilft ihnen, die Dinge mit sich auszuhandeln oder sich mit der Realität dessen, was geschehen ist, zu arrangieren und sich mit dieser neuen Realität auseinanderzusetzen (Cook/Dworkin 1992; Weizman/Kamm 1985). Im Allgemeinen leben Erwachsene mit geistiger Behinderung in einem beschränkteren sozialen Umfeld, deswegen hören wahrscheinlich immer dieselben Personen ihre Geschichte wieder und wieder. Unglücklicherweise kann ein Mensch, der teilnehmend zuhört und diese Geschichten viele Male anhören muss, davon ausbrennen und womöglich den Hinterbliebenen scheuen.

Professionelle Helfer können dieses Phänomen als Perseveration, als „Hängen-Bleiben" der geistig behinderten Erwachsenen fehlinterpretieren. Mit Perseveration ist aber eine Störung des Denkens bezeichnet, die oft dadurch charakterisiert wird, dass die gleichen Worte noch und noch wiederholt werden. Wenn das Trauersymptom des wiederholten Erzählens als Perseveration missverstanden wird, besteht die Gefahr, dass Erwachsene mit geistiger Behinderung unangemessenerweise Medikation erhalten oder Verhaltenstherapie. Das Verständnis, dass Wiederholung ein normaler Bestandteil der Trauer ist, und die Bereitschaft, vorurteilsfrei bei vielfachen Wiederholungen zuzuhören, kann dem Hinterbliebenen in dieser Zeit, in der seine gewohnte Unterstützung schwächer wird oder entschwindet, sehr helfen.

Von Trauernden lernen

Hospizmitarbeiter(innen) und andere, die auf dem Gebiet der Trauer arbeiten, wissen, dass eine der wichtigsten Richtlinien für die Unterstützung eines trauernden Menschen ist, von dieser Person zu lernen. Sie lernen schnell, der trauernden Person nahe zu bleiben und nicht anzunehmen, dass sie jederzeit wüssten, was dieser Mensch fühlt und erleidet, und auch nicht zu versuchen, ihn in einen anderen Gemütszustand locken zu wollen. Die Erfahrungen jedes Menschen sind individuell.

Sie können lernen, einer bestimmten Person zu helfen, indem Sie sie beobachten und ihr genau zuhören. Wenn Sie das nicht tun, kommen Sie leicht zu irrtümlichen Annahmen. Eine 46-jährige Frau mit geistiger Behinderung reagierte mit heftiger Trauer, wenn Mitarbeiter versuchten, mit ihr über ihre Mutter zu sprechen, die sechs Monate zuvor gestorben war. Sie wurde dann laut, vermied das Thema, beschäftigte sich mit ihren Habseligkeiten oder versuchte, den Raum zu verlassen. Sie weigerte sich außerdem, das Haus, in dem ihre Mutter gelebt hatte, zu besuchen. Eine ihrer Schwestern hatte jedoch den Mitarbeitern zuvor gesagt, dass sie keine enge Verbindung zu ihrer Mutter hätte und ihr Tod sie deswegen auch nicht durcheinander brächte. Die Schwester hatte angenommen, sie würde ähnliche Gefühle haben wie sie selbst, und dabei die Symptome der Trauer nicht erkannt.

Geschichten, die darauf hinweisen, dass manche Erwachsene mit geistiger Behinderung wussten, dass sie mit etwas fertig werden müssen und dass sie versuchten, Hilfe von anderen zu gewinnen, haben die Autorinnen stark berührt. Wir hörten von Menschen mit geistiger Behinderung, die zum Friedhof gefahren werden wollten. Wir hörten, dass Leute nach Gegenständen fragten, die früher dem geliebten verstorbenen Menschen gehört hatten, um etwas zu haben, dass sie an ihn erinnert; wir hörten die Geschichte eines Mannes, der seiner Mutter zehn

Jahre nach ihrem Tod eine Rose kaufen wollte. Die Mitarbeiterin, die er um Hilfe fragte, war über dieses scheinbar bizarre Verhalten bestürzt und fragte sich, ob sie ihm bei diesem Wunsch helfen sollte. Als sie dann weiter mit ihm sprach, wurde ihr klar, dass sein Verhalten überhaupt nicht eigenartig war. Rosen waren die Lieblingsblumen der Mutter gewesen, und er wollte ihr zum Muttertag eine Rose auf das Grab legen. Wie traurig ist es, dass er zehn Jahre auf eine Mitarbeiterin warten musste, die in der Lage war, ihn zu verstehen und ihm zu helfen. Alle Hochachtung vor dem menschlichen Geist, der ihn beharrlich sein ließ, bis er schließlich die Hilfe bekam, die er brauchte!

Kapitel 4
Unterstützungsstrategien im Trauerprozess

Dieses Kapitel befasst sich mit einigen Vorschlägen, die Familien oder Professionelle benutzen können, wenn sie einen Erwachsenen mit geistiger Behinderung im Trauerprozess unterstützen.

Diese Vorschläge wurden aus den verschiedenartigsten Quellen entnommen: Beobachtungen von Hospizen, Gespräche mit Familien und Professionellen, Literatur, Treffen von Gruppen für Trauerarbeit und Interviews mit Erwachsenen mit geistiger Behinderung. Wo immer möglich, haben wir die originale Quelle für diese Vorschläge kenntlich gemacht; dennoch sind auch Vorschläge dabei, die wir sozusagen aus zweiter Hand bekamen. Wir möchten uns ausdrücklich entschuldigen, falls wir eine Quelle nicht angemessen berücksichtigt haben.

Wie man dieses Kapitel benutzt

Dieses Kapitel ist weder ein Leitfaden für Trauertherapie noch ein Rezept, nach dem jemandem in der Zeit der Trauer geholfen werden kann. Vielmehr sollte dieses Kapitel angesehen werden als eine Art Speisekarte, aus der eine angemessene Auswahl getroffen werden kann, ähnlich wie bei einer Speisekarte in einem Restaurant. Wenn Sie mit einem geistig behinderten Hinterbliebenen zu tun haben, werden Sie zweifellos versuchen, herauszufinden, wie dieser mit dem Todesfall fertig wird. Wenn dieser Mensch Unterstützung braucht (oder falls Sie unsicher sind, ob er Unterstützung braucht), werden Sie vielleicht den Wunsch haben, einige dieser Vorschläge in Ihre Interaktionen einzubeziehen. Die Autorinnen glauben, dass die meisten, wenn nicht alle behinderten Menschen von der Unterstützung durch jemanden, der offen mit ihnen über den Tod und den Schlag, den dieser Verlust bedeutet, spricht, profitieren.

Verwenden Sie individuell angemessene Hilfetechniken

Wenn Sie sich dazu entscheiden, einige unserer Vorschläge zu verwenden, ist ein wichtiger Schritt, sorgfältig die Vorschläge auszusuchen, die für die Person, mit der sie es zu tun haben, besonders angemessen sind. Die folgenden zwei Beispiele sollen dies illustrieren.

– *Beispiel 1:* Manche Erwachsene mit geistiger Behinderung zeigen nicht ihre wahren Gefühle, stattdessen ist ihre übliche Antwort: „Ich bin glücklich" oder „Mir geht's gut", selbst wenn sie traurig, wütend oder verwirrt sind. Wenn Sie wissen, dass dieses für einen Menschen charakteristisch ist, möchten Sie vielleicht etwas versuchen, dass dieser Person hilft, ihre Gefühle angesichts des Todesfalls wahrzunehmen (s. hierzu unsere Vorschläge 22, 23, 26). Vielleicht möchten Sie auch einige Vorschläge anwenden, wenn Sie einen Menschen noch nicht so gut kennen oder wenn Sie einige Anzeichen beobachtet haben, dass das Verhalten dieses Menschen nicht seine wahren Gefühle ausdrückt. Zum Beispiel verhält sich jemand vielleicht ungewöhnlich oder unangemessen, und der Beginn dieses Verhaltens scheint mit dem Todesfall zusammenzuhängen.

– *Beispiel 2:* Etliche Menschen mit geistiger Behinderung berichteten, dass sie einige Zeit nach dem Todesfall ziemlich verwirrt waren, weil die Familie oder Mitarbeiter aufhörten, über die verstorbene Person zu sprechen. Menschen, die so empfinden, könnten von einigen der Techniken in diesem Kapitel profitieren, die dazu angelegt sind, Hinterbliebenen zu helfen, die Erinnerung an den Verstorbenen zu wahren (Vorschläge 61, 62, 83).

Nutzen Sie Ihre Personenkenntnis,
um Hilfestrategien herauszufinden, aber
versuchen Sie auch neue Herangehensweisen

Wenn jemand Kunst oder Handwerk gern mag, versuchen Sie Techniken, die diese Form des Zugangs einsetzen. Wenn jemand Musik liebt, versuchen Sie die auf Musik bezogenen Vorschläge. Ist jemandem Religion wichtig, setzen Sie die religiösen Vorschläge ein. Denken Sie dennoch nicht, dass Sie sich auf diese spezifischen Zugänge beschränken müssen. Vielleicht reagiert eine Person, die sich üblicherweise nicht mit Kunst beschäftigt, sehr gut auf ein künstlerisches Vorhaben. Jemand, der nicht in die Kirche geht, findet vielleicht Trost bei einer speziellen Hymne. Sie sollten sich frei fühlen, verschiedene Techniken zu versuchen.

Nutzen Sie Ihre Kreativität

Unsere Liste von Techniken enthält Vorschläge, die Menschen für sich oder andere als hilfreich empfunden haben. Sie können sie für den Anfang verwenden. Fühlen Sie sich frei, einige zu verwenden, andere nicht, wieder andere zu verändern und völlig neue Vorschläge zu entwickeln.

Erkennen Sie Ihre persönlichen Auslöser von Trauer

Wenn Sie einem Erwachsenen mit geistiger Behinderung, der über einen Verlust durch einen Todesfall trauert, beistehen, können Sie auf Erinnerungen an Verluste in Ihrem eigenen Leben stoßen. Wen oder was haben Sie verloren? Wie haben Sie getrauert? Gibt es etwas, dass bei Ihnen Trauer auslöst, wenn Sie versuchen, jemand anderen zu unterstützen? Wenn Sie feststellen, dass Ihre Emotionen stärker als erwartet sind, nehmen Sie sich Zeit, um die Geschichte Ihres Verlusts zu untersuchen. Versuchen Sie herauszufinden, was bei Ihnen Erinnerungen oder Gefühle hervorruft. Vielleicht können Sie einige Informationen dieses Buchs verwenden, um sich selbst zu helfen, von Trauer zu genesen.

Eine letzte Mahnung, ehe Sie anfangen

Bitte erinnern Sie sich daran, dass es eine der „Aufgaben im Prozess der Trauer" ist, den Schmerz der Trauer zu erleiden. Wenn Sie über den Tod sprechen, während Sie gerade etwas anderes erledigen, ist es nicht ungewöhnlich, dass die trauernde Person anfangs verwirrter aussieht oder sich beunruhigter verhält als vorher. Das kann ein gutes Zeichen sein: Er oder sie fühlt sich gut genug aufgehoben, seine oder ihre wahren Gefühle auszudrücken und etwas der „Trauerarbeit" anzugehen, die für die zukünftige Genesung nötig ist. Sollten Sie selbst sich sehr unbehaglich fühlen, konsultieren Sie einen Trauerspezialisten (siehe Kapitel 5). Spezialisten sollten frei genug sein, sich mit anderen Spezialisten zu beraten.

Gliederung der Vorschlagsliste

Diese Vorschlagsliste ist nach Überschriften gegliedert, die mit Wordens vier Aufgaben der Trauer, die wir im Kapitel 1 beschrieben haben, korrespondieren.

Aufgabe 1: Die Tatsache des Verlusts akzeptieren.
Aufgabe 2: Den Schmerz der Trauer erleiden.
Aufgabe 3: Sich auf ein Leben einstellen, in dem der oder die Verstorbene fehlt.
Aufgabe 4: Emotionale Energie zurücknehmen und in Neues investieren.

Wir haben die einzelnen Vorschläge so platziert, um Ihnen zu helfen, diejenigen herauszufinden, die zum gegebenen Zeitpunkt für einen bestimmten Menschen angemessen sind. Z.B. lautet die erste Aufgabe, wenn ein Todesfall eingetreten ist, die Tatsache des Verlusts zu akzeptieren. Vorschläge mit Bezug auf das Begräbnis oder auf Gedenkfeiern sind gerade dann angemessen. Dem Hinterbliebenen ein neues Hobby nahe zu bringen, wäre erst zu späterer Zeit angebracht.

Die einzelnen Vorschläge sind in etwa in der Reihenfolge angeordnet, in der Sie sie benutzen können. Viele davon können angewendet werden, wenn jemand mit mehreren der von Worden genannten Traueraufgaben fertig zu werden versucht. Die Gliederung sollte als Leitlinie angesehen werden, nicht als Vorschrift, weil es zwischen unterschiedlichen Personen viele Unterschiede gibt.

Die einzelnen Vorschläge sind unterschiedlichen Aktivitätstypen zugeordnet. Das soll Ihnen helfen, wenn Sie nach einer bestimmten Sorte von Vorschlag suchen (z. B. eine Tätigkeit, bei der Musik eingesetzt wird). Nach diesen Kategorien ist jeder einzelne der Vorschläge aufgelistet. Manche der Vorschläge können bei mehr als einer Gruppe von Tätigkeiten genannt werden (s. nachstehender Kasten).

Vorschläge nach Kategorien

Kreativität
8, 26, 29, 31, 34, 43, 52, 56, 62, 63, 65, 66, 68, 70, 78, 86, 100, 105

Unterricht/Lehre/Modell
16, 17, 19, 20, 21, 22, 25, 27, 40, 42, 57, 63, 80, 81, 87, 91, 98, 101, 102

Musik
6, 28, 29, 33, 44, 45, 46, 47, 50, 51, 64, 72, 73, 74, 75, 77, 103

Natur/im Freien
35, 36, 37, 38, 41, 89, 96, 97, 99, 104

Körperliche Übungen
38, 41, 51, 93, 94, 96, 97, 98, 99

Religion/Spiritualität
4, 5, 6, 7, 9, 10, 11, 12, 16, 30, 32, 33, 79, 84

Rituale/Traditionen
4, 6, 7, 9, 10, 11, 12, 13, 14, 37, 38, 39, 40, 55, 60, 61, 67, 69, 76, 78, 79, 85, 89, 98, 99, 100, 104, 106

Unterstützung durch andere
1, 2, 3, 5, 10, 12, 14, 15, 18, 19, 20, 22, 23, 24, 25, 26, 27, 28, 30, 31, 32, 41, 42, 47, 48, 49, 50, 53, 54, 57, 58, 59, 60, 68, 71, 77, 80, 81, 82, 83, 86, 87, 88, 90, 91, 92, 95, 101

Verbale Hilfen
2, 12, 20, 24, 25, 26, 41, 48 49, 60, 67, 69, 71, 82, 83, 86, 90

Folgende Kategorien gehören dazu:

- *Kreativität* – etwas mit den Händen tun.
- *Unterricht/Lehre/Modell* – etwas von jemandem lernen, der lehrt, Unterricht anbietet oder Verhaltensbeispiele gibt.
- *Musik* – Musik hören oder musizieren.
- *Natur/im Freien* – Aktivitäten im Freien unternehmen oder sich mit Naturthemen beschäftigen.
- *Körperliche Übungen* – den Körper mit physischen Aktivitäten beschäftigen.
- *Religion/Spiritualität* – Teilnahme an religiösen Aktivitäten oder solchen, die als spirituell anzusehen sind.
- *Rituale/Traditionen* – Teilnahme an Aktivitäten, die symbolisch für Gefühle oder Gedanken in Bezug auf den Tod stehen oder die in der jeweiligen Kultur nach einem Todesfall üblich sind.

- *Unterstützung durch andere* – Worte des Trosts oder andere Arten von Assistenz von anderen erhalten.
- *Verbale Hilfen* – mit anderen über die Person, die gestorben ist, über den Tod und damit verbundene Ereignisse sprechen.

Vorschläge zu Aufgabe 1: Die Realität des Verlusts akzeptieren (s. Abb. 4)

(1) Helfen Sie der hinterbliebenen Person, einen Platz zu finden, der in den Tagen nach dem Tod am ehesten Trost spendet und wo sie über Nacht bleiben kann (Unterstützung durch andere).

Wenn möglich, gestatten Sie dem Menschen mit geistiger Behinderung, selbst auszusuchen, wo er bleiben möchte. Entscheidet sich jemand, in seinem eigenen Appartement zu bleiben, wird es diesem Menschen helfen, wenn andere ihm mehr Unterstützung als üblich bieten. Mehrere Erwachsene mit geistiger Behinderung berichteten, dass sie den Wunsch hatten, mit anderen Familienmitgliedern zusammen zu sein, und sie wollten einige Tage in den Häusern ihrer Eltern oder Geschwister bleiben. In manchen Fällen zögern die Familien, eine solche Verabredung anzubieten, aus dem Gefühl heraus, dass der Aufenthalt in einem Trauerhaus Menschen mit geistiger Behinderung beunruhigen könnte. Doch können Erwachsene mit geistiger Behinderung den Todesfall besser bewältigen, wenn sie in dieser Zeit nicht vom Familiengeschehen ausgeschlossen sind.

(2) Finden Sie Familienmitglieder oder Mitarbeiter, die mit der hinterbliebenen Person offen und ehrlich über den Tod sprechen können (Unterstützung durch andere, verbale Hilfen).

Das ist besonders wichtig, wenn es jemanden gibt, an den die hinterbliebene Person sich wahrscheinlich um Hilfe wenden würde, der aber nicht in der Lage ist, mit ihr offen und aufrichtig über das Thema zu sprechen. Die Mutter einer Tochter mit geistiger Behinderung berichtete, dass sie sehr offen mit ihrer Tochter über dieses Thema sprach, dass sie aber wusste, dass das Thema Tod für die Großeltern der Tochter sehr schwierig war und dass sie nicht in der Lage wären, ihre Fragen hilfreich zu beantworten. Als ein Todesfall in der Familie auftrat, wurde

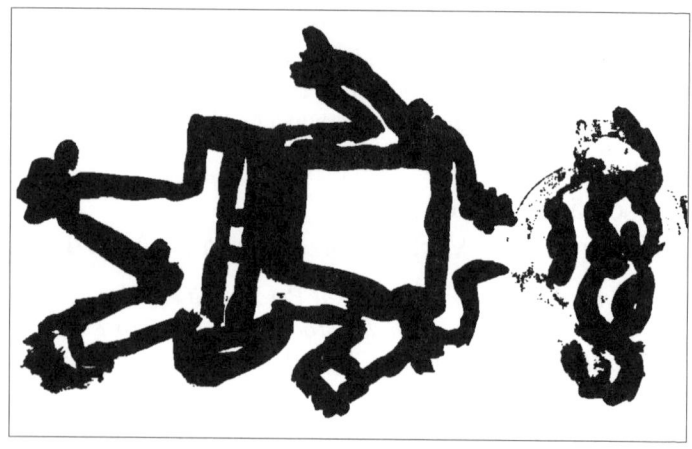

Abb. 4: Eine Zeichnung vom Vater des Malers nach einem tödlichen Herzanfall. Beachten Sie den Blick und die niedergestreckte Position.

die Tochter ermutigt, mit ihrer Mutter darüber zu sprechen. Im Idealfall sollte mehr als eine Person gefunden werden, die mit diesem Thema umgehen kann.

(3) Setzen Sie angemessenen körperlichen Kontakt ein (Unterstützung durch andere).

Jemandem die Hand auf den Arm legen, ihm den Rücken klopfen, jemandes Hand halten oder eine Umarmung können viel bewirken, um Unterstützung und Liebe zu vermitteln. Seien Sie sensibel für die Tatsache, dass manche Menschen persönliche Bindungen haben, die ihnen körperliche Kontakte verbieten könnten.

(4) Beziehen Sie die hinterbliebene Person in die Vorbereitung des Begräbnisses mit ein (Religion/Spiritualität; Rituale/Traditionen).

Der geistig behinderte Mensch kann z. B. helfen, die Kleidung, die der Verstorbene tragen soll, oder Blumen oder die Musik, die bei dem Begräbnis oder der Trauerfeier gespielt werden soll, auszusuchen. Gemeinsam mit anderen Familienmitgliedern könnte er oder sie mit dem Geistlichen sprechen, der die Trauerfeier abhält, um Geschichten über den Verstorbenen beizutragen, die während der Feier mitgeteilt werden.

(5) Unterbreiten Sie dem Geistlichen, der das Begräbnis oder die Trauerfeier ausführt, Vorschläge, wie die Feier für den Menschen mit geistiger Behinderung bedeutungsvoller gemacht werden kann (Religion/Spiritualität, Unterstützung durch andere).

Dies ist besonders wichtig, wenn die verstorbene Person dem Menschen mit geistiger Behinderung sehr nahe gestanden hat, wie ein Elternteil oder ein Geschwister, und auch dann, wenn die hinterbliebene Person schwer oder sehr schwer geistig behindert ist.

Folgende Vorschläge können dazu beitragen, die Trauerfeier für einen erwachsenen Menschen mit geistiger Behinderung zugänglich zu machen: Gestatten Sie dem Menschen mit geistiger Behinderung und ermutigen Sie ihn sogar dazu, zum geeigneten Zeitpunkt auf seine oder ihre Weise laut zu antworten. Ist es ein nichtsprechender Mensch, kann das ein Ton sein, ein Geräusch, ein wortloser Gesang anstelle verstehbarer Wörter. Gehört eine Kommunion zu dem Gottesdienst, und die Person mit geistiger Behinderung ist nicht in der Lage, daran auf traditionelle Weise teilzunehmen, könnte man ihm oder ihr erlauben, die Gaben zu schmecken oder zu riechen, statt sie zu essen oder zu trinken. Wenn das nicht möglich ist, könnte der Geistliche seinen oder ihren Kopf berühren und einen Segen aussprechen. Wenn Familienmitglieder während des Gottesdienstes namentlich genannt werden, sollte der Geistliche darauf achten, den Menschen mit geistiger Behinderung gemeinsam mit anderen Familienmitgliedern zu nennen.

Bei Personen mit schweren Behinderungen könnte es sehr wichtig sein, reale Gegenstände und den Berührungssinn einzusetzen. Ein Kaplan, der viele Gottesdienste für Erwachsene mit Behinderungen geleitet hat, schlägt vor, einen Teil der Feier so einzurichten, dass etwas gefühlt, gehalten, gerochen oder sogar gegessen werden kann. Zum Beispiel hatte der Kaplan das Buch „The Fall of Freddie the Leaf" (Buscaglia 1982) gelesen und dafür Laub in den Gottesdienst mitgebracht, das die Menschen berühren konnten. Dieser Kaplan brachte Kerzen und Luftballons in die Trauerfeier einer Frau, die an ihrem 21. Geburtstag beerdigt wurde. Die Anwesenden wurden eingeladen, eine Kerze und einen Luftballon mit nach Hause zu nehmen und, zusätzlich zu ihrer Trauer über den Tod, das Leben dieser Frau zu feiern. Bei der Trauerfeier für jemanden, der indianischer Abstammung war, ließ der Kaplan einen Teller mit Erdbeeren herumgehen und verbrannte Räucherwerk, beides korrespondierend zur kulturellen Tradition des Verstorbenen.

(6) Finden Sie Möglichkeiten, die es dem hinterbliebenen Menschen erlauben, beim Begräbnis oder der Trauerfeier teilzuhaben (Musik; Religion/Spiritualität; Rituale/Traditionen).

In manchen religiösen oder kulturellen Traditionen können Familienmitglieder oder Freunde bei der Trauerfeier mitwirken. Sie können einen Kranz niederlegen, während der Feier sprechen und ihre Erinnerungen an die verstorbene Person mitteilen. Jemand kann Liedtexte austeilen, singen oder ein Musikinstrument spielen.

Finden Sie heraus, ob solche Möglichkeiten bestehen, und fragen Sie den oder die Hinterbliebene, ob er bzw. sie mitmachen möchte. Möchte jemand sich beteiligen, kann dies aber aus irgendwelchen Gründen nicht, sind Sie vielleicht in der Lage, die Tätigkeit zu modifizieren. Möchte jemand z. B. seine oder ihre Erinnerungen an ein Familienmitglied teilen, fühlt sich aber zu nervös oder durcheinander, um im Gottesdienst zu sprechen, können Sie ihm oder ihr vielleicht helfen, einige Gedanken aufzuschreiben, und der Geistliche, ein Familienmitglied oder ein Freund kann diese Erinnerungen während der Feier laut vorlesen.

Einige Männer mit Down-Syndrom waren Sargträger für ihre Großeltern. Einer von ihnen sagte: „Ich hatte Angst und zitterte, aber ich holte einfach tief Atem und tat es." Er schien stolz zu sein, dass er ausgesucht wurde und in der Lage war, es zu tun.

Es ist wichtig, einem Menschen mit geistiger Behinderung zu erklären, was während des Gottesdienstes geschieht und was genau er oder sie dabei tun soll. Auch, wann er oder sie aktiv werden soll und wer helfen kann, falls ein Problem auftritt.

(7) Bieten Sie Gelegenheit, etwas persönlich Bedeutungsvolles zum Begräbnis beizutragen, um den Verstorbenen zu ehren oder an ihn zu erinnern (Religion/Spiritualität; Rituale/Traditionen).

Mitarbeiter einer Behindertenwerkstätte in Wisconsin waren mit dem unerwarteten Tod eines ihrer Kollegen konfrontiert, eines jungen Mannes, der gesund schien, aber plötzlich starb. Es gelang dem Geschäftsführer, alle am nächsten Tag zusammenzurufen, über den Todesfall zu informieren und zu fragen, auf welche Weise sie des Toten gedenken wollten. Die Gruppe entschied sich, für ihn ein Banner herzustellen. Sie dekorierten die Fahne mit Bildern und Wörtern von Dingen, die der Mann mochte, und einigen seiner Lieblingsaussprüche. Sie erbaten und erhielten die Erlaubnis der Familie, das Banner bei der Trauerfeier auszustellen.

(8) Helfen Sie der trauernden Person, eine Collage aus Fotografien herzustellen und bei der Aufbahrung, beim Begräbnis oder bei der Gedenkfeier auszustellen (Kreativität; Rituale/Traditionen).

Wenn der Erwachsene mit geistiger Behinderung die Collage als Erinnerung behalten will, helfen Sie ihm, Kopien der Bilder zu erhalten, damit die Originale den Familienmitgliedern und Freunden zurückgegeben werden können, die sie ausgeliehen haben.

(9) Ermutigen Sie die trauernde Person, die Aufbahrung oder Totenwache zu besuchen, aber zwingen Sie sie nicht (Religion/Spiritualität; Rituale/Traditionen).

Erklären Sie den Zweck dieses Rituals im Voraus. Seien Sie sehr genau, wenn Sie darlegen, was dort zu erwarten ist. Nennen Sie Details. Wenn der Sarg offen steht, beschreiben Sie, wie der Körper aussieht, dass der oder die Verstorbene sich nicht mehr bewegen kann, nicht mehr die Augen öffnet oder spricht. In manchen Traditionen wird die untere Hälfte des Körpers zugedeckt. Erklären Sie, dass die Beine zugedeckt, aber nicht fort sind. Erklären Sie, dass die Trauernden vielleicht weinen werden, Geschichten über die verstorbene Person erzählen, einander in den Arm nehmen und sagen: „Mein Beileid."

Verwenden Sie Bücher, Filme, Bilder, um die Person vorzubereiten. Eine Therapeutin berichtete, dass sie oft eine Filztafel und ausgeschnittene Figuren verwendet, die sie angefertigt hatte, um trauernden Personen verständlich zu machen, was sie erwartet. Sie hatte Figuren vorbereitet, die verschiedene Menschen repräsentieren, den Sarg, den Leichnam, Blumen usw.

(10) Ermutigen Sie die trauernde Person, am Begräbnis oder an der Trauerfeier teilzunehmen, aber zwingen Sie sie nicht (Religion/Spiritualität; Unterstützung durch andere; Rituale/Traditionen).

Bereiten Sie den Erwachsenen mit geistiger Behinderung darauf vor. Erklären Sie den Zweck eines Begräbnisses oder der Trauerfeier. Beschreiben Sie, was während der Feier und danach geschieht.

(11) Ermutigen Sie dazu, zur Beisetzung auf den Friedhof zu gehen, aber zwingen Sie niemanden (Religion/Spiritualität; Rituale/Traditionen).

Erklären Sie den Zweck dieses Rituals und beschreiben Sie, was geschehen wird. Manche Familienmitglieder und Freunde beteiligen sich auf symbolische Art und Weise. Diejenigen, die dem Verstorbenen nahe standen, legen Blumen auf das Grab oder wählen eine Blume aus dem Sargschmuck aus, um sie mit nach Hause zu nehmen. Andere werfen eine Schaufel Erde in das Grab.

(12) Nehmen Sie das Begräbnis oder den Trauergottesdienst auf Video- oder Audiokassette auf (Spiritualität/Religion; Rituale/Traditionen; Unterstützung durch andere; verbale Hilfen).

Falls ein Mensch mit geistiger Behinderung nicht in der Lage ist, am Begräbnis oder der Trauerfeier teilzunehmen, erwägen Sie, eine Video- oder Hörkassette aufzunehmen. Die Autorinnen glauben, dass die persönliche Teilnahme an der Trauerfeier für jeden Menschen äußerst heilsam ist. Dennoch kann es hinderliche Umstände geben, weshalb ein Mensch mit geistiger Behinderung nicht in der Lage ist, an der Feier teilzunehmen (z. B., wenn er oder sie krank oder im Krankenhaus ist oder wenn die Feier weiter entfernt stattfindet und diese Person nicht in der Lage ist zu reisen). Wer Aufnahmen macht, soll dies taktvoll tun, und die Familienmitglieder und Geistlichen sollten diesem Vorhaben im Voraus zustimmen. Wenn Sie eine Aufnahme haben, seien Sie bitte behutsam, wenn Sie sie dem behinderten Menschen vorspielen. Erklären Sie im Voraus, dass Sie diese Aufnahmen haben, verabreden Sie einen Zeitpunkt, sie gemeinsam mit ihm oder ihr anzusehen oder anzuhören, gestatten Sie dem Menschen, während der Vorführung Gefühle auszudrücken, geben Sie Unterstützung und beantworten Sie Fragen. Halten Sie sich selbst bereit oder finden Sie jemanden, der in der Folge Unterstützung bei späteren Reaktionen geben kann.

(13) Gestatten Sie dem Menschen mit geistiger Behinderung, sich am Dank bei der Familie und bei Freunden für ihre Unterstützung zu beteiligen und ermutigen Sie ihn dazu (Rituale/ Traditionen).

Fragen Sie erwachsene Menschen mit geistiger Behinderung, ob sie nach dem Begräbnis oder der Trauerfeier mithelfen möchten, Dankeskarten zu schreiben oder die Briefumschläge dafür zu adressieren. Falls die Person keinen Text schreiben kann, ermutigen Sie sie, ihren Namen unter einen Text zu schreiben, den jemand anderes geschrieben hat.

(14) Richten Sie eine informelle Gedächtnisfeier aus (Rituale/ Traditionen; Unterstützung durch andere).

Dieses Vorgehen kann besonders dann hilfreich sein, wenn ein Mitarbeiter oder Mitbewohner stirbt und es mehrere Erwachsene mit geistiger Behinderung gibt, die trauern. Mitarbeiter einer Wohnstätte in Madison, Wisconsin, berichteten, dass die Teilnehmer einer solchen informellen Gedächtnisfeier zum Andenken an eine 35-jährige Frau mit geistiger Behinderung, die unerwartet verstorben war, dadurch ein Gefühl des Friedens und des Abschlusses dieser traurigen Situation zu empfinden schienen. Diese Zusammenkunft war eine Woche nach der formellen kirchlichen Feier durchgeführt worden. Die Freunde der Frau, ihre Familie und Mitarbeiter waren eingeladen, zu einer Feier ihres Lebens zu kommen. Sie waren gebeten worden, eine Geschichte über diese Frau vorzutragen, um sie mit den anderen zu teilen. Die Feier wurde in der Wohnstätte abgehalten, und währenddessen spielte im Hintergrund ihre Lieblingsmusik. Auf dem Tisch im Esszimmer war ein Foto der Frau aufgestellt, eine Kerze angezündet, Gegenstände, die ihre liebsten Tätigkeiten repräsentierten, wurden aufgestellt sowie ihre liebsten Getränke. Die Wohnstättenleiterin erklärte, dass sie alle zusammengekommen waren, um sich mit ihren Geschichten an die verstorbene Frau zu erinnern. Danach, anderthalb Stunden lang, teilte jeder und jede Geschichten mit, in denen es darum ging, wie sie mit der verstorbenen Frau zu tun hatten. Erfrischungen wurden gereicht, unter anderem die Lieblingsnachspeise der Verstorbenen.

(15) Helfen Sie Trauernden, ihre üblichen Routinen aufrecht zu erhalten (Unterstützung durch andere).

Veränderungen und Verluste, die unmittelbar auf den Tod eines geliebten Menschen folgen, sollten so gering wie möglich gehalten werden. Häufig können Kinder und manche Erwachsene mit Krisen besser fertig werden, wenn andere Aspekte ihres Lebens unverändert bleiben. Das ist eine Möglichkeit, sich in einer aus den Fugen geratenen Welt sicher und normal zu fühlen. Bedenken Sie, welchen Bedarf an Kontinuität ein Mensch möglicherweise hat. Prüfen Sie diese Annahme mit ihm oder ihr zusammen. Fragen Sie zum Beispiel, ob er oder sie zur Arbeit gehen oder lieber zu Hause bleiben möchte. Die trauernde Person kann entscheiden, ob sie zur Arbeit gehen möchte, mit Freunden einkaufen oder in eine Gruppe, wenn dies die gewohnten Aktivitäten sind. Wenn es der Verstorbene war, der ihr oder ihm geholfen hatte, diese Aktivitäten auszuführen, wird besondere Assistenz nötig sein. Helfen Sie anderen zu begreifen, dass dieser Mensch sich nicht respektlos verhält, wenn er sich unmittelbar nach dem Todesfall für alltägliche Tätigkeiten engagiert. Ebenso wenig sollten seine oder ihre Aktivitäten so interpretiert werden, dass er oder sie den Tod nicht versteht oder sich bereits von dem Verlust erholt hätte. Vielmehr kann dies die Art dieses Menschen sein, damit fertig zu werden.

(16) Verwenden Sie Seifenblasen, um das Wesen des Todes zu veranschaulichen (Unterricht/Modelle; Religion/Spiritualität).

Dieses Vorgehen können Sie bei Menschen anwenden, die an ein Leben nach dem Tod glauben, oder um jemandem zu helfen, Erinnerungen wachzurufen. Kaufen Sie Seifenblasen, die es für Kinder gibt. Blasen Sie einige Seifenblasen. Fangen Sie einige davon. Fragen Sie Ihr Gegenüber, ob er oder sie die Seifenblase noch sieht. Bitten Sie ihn oder sie, die Hand unter die Seifenblase zu halten und sie zum Platzen zu bringen. Fragen Sie, ob er oder sie die Seifenblase immer noch sehen kann. Bestätigt sie oder er, dass man die Seifenblase nicht mehr sehen kann, fragen Sie, ob sie noch zu fühlen ist. Es wird sich noch feucht anfühlen auf der Hand. Machen Sie nun verständlich, dass das vergleichbar ist mit dem Tod eines Menschen: Wir können die verstorbene Person nicht mehr sehen und dieser Mensch ist nicht wie früher bei uns, doch wir können uns an den verstorbenen Menschen erinnern und ihn oder sie in unserem Herzen fühlen.

(17) Verwenden Sie die Vorstellung vom Herzschlag oder von technischen Geräten, um Menschen mit schwerer oder schwerster geistiger Behinderung den Tod verständlich zu machen (Unterricht/Modelle)

Je größer die kognitive Behinderung eines Menschen ist (d. h., bei geistiger Behinderung schweren und schwersten Grades eher als bei leichter und mäßiger Behinderung), desto schwieriger wird es sein, dieser Person etwas über einen abstrakten Begriff wie den Tod verständlich zu machen. Die Wahrscheinlichkeit, dass dieser Mensch etwas von dem Begriff versteht, ist größer, wenn etwas geschieht (also zum Zeitpunkt des Todes eines bedeutsamen anderen) und wenn unterschiedliche Mittel verwendet werden, den Begriff weiterhin zu erklären oder darzustellen. Demzufolge ist es hilfreich, sowohl konkrete Beispiele zur Veranschaulichung als auch Worte zur Beschreibung des Todes zu verwenden. Eine Kaplanin berichtete, dass sie Menschen mit schweren Behinderungen diesen Begriff begreiflich machen konnte, indem sie sie etwas über den Herzschlag lehrte. Man kann die Hand über das eigene Herz legen und den Herzschlag fühlen, man kann den Herzschlag eines anderen Menschen fühlen, und man kann fühlen, dass unbelebte Objekte keinen Herzschlag haben. Außerdem gibt es eine Reihe von Geräten, die auch dazu verwendet werden, etwas vom Begriff des Todes zu verstehen. Man bekommt einen Sinneseindruck, wenn man ein Gerät mit einem Berührungsmelder anfasst. Auf diese

Weise, beim Berühren des Sensors, kann man etwas vom Sinn des Begriffs „lebendig" erfahren. Es gibt andere Geräte, die etwas bewirken, wenn jemand einen bestimmten Schalter berührt, fängt z. B. ein Vogel an zu singen, die Musik beginnt zu spielen usw. Man kann durch die Berührung des Schalters den Begriff „lebendig" erfahren, solange das Gerät eine Batterie geschaltet hat oder elektrisch angeschlossen ist, und den Begriff „tot", wenn nichts bei der Berührung des Schalters passiert, weil die Batterie entfernt wurde oder weil die elektrische Leitung des Geräts nicht eingesteckt ist. Arbeitstherapeuten können eine hilfreiche Quelle sein, Geräte zu finden, die in diesem Sinne verwendet werden können.

Vorschläge zu Aufgabe 2: Den Schmerz der Trauer erleiden

(18) Seien Sie für den behinderten Menschen da (Unterstützung durch andere).

Eine 35-jährige Frau mit geistiger Behinderung, deren Vater vor einigen Jahren gestorben ist, rät Folgendes: „Gehe hin und weine mit ihnen. Wünsche ihnen das Beste und versuche, ihnen zu helfen." „Du bist da, wenn jemand sich an Deine Schulter lehnen und weinen möchte … Lass alles heraus. Wenn sie darüber sprechen möchten, können sie darüber sprechen, und wenn sie nicht darüber sprechen möchten, kannst Du sie nicht zwingen."

Von vergleichbarer Art sind die Möglichkeiten, für jemanden mit schweren Behinderungen da zu sein. Wenn Sie den Menschen noch nicht gut kennen, versuchen Sie, mit der Zeit eine stabile Beziehung aufzubauen, damit der behinderte Mensch sich bei Ihnen vertraut und getröstet fühlt. Setzen Sie sich zu Zeiten der Gemeinsamkeit nahe zu diesem Menschen. Setzen Sie sich eher gegenüber als Seite an Seite. Sofern es ihm oder ihr nicht unangenehm ist, berühren Sie seinen oder ihren Arm, jedenfalls eine Stelle des Körpers, wo das nicht kompromittierend wirkt. Bei jemandem, der im Rollstuhl sitzt oder nicht in der Lage ist, seinen Kopf zu heben, gehen Sie auf die Knie, um diesem Menschen ins Gesicht sehen zu können. Wenn Sie mit jemandem im Rollstuhl gehen, bleiben Sie nicht immer hinter dem Rollstuhl, versuchen Sie, neben diesem Menschen zu gehen oder halten Sie häufiger an, um Augenkontakt herzustellen, wenn Sie sprechen.

Abb. 5: Eine abstrakte Zeichnung, mit der der Maler vier Emotionen darstellte – ängstlich (scared), niedergeschlagen (depressed), traurig (sad) und glücklich (happy) – nach dem Tod eines geliebten Menschen

(19) Gehen Sie auf den Trauernden ein, damit er sich nicht allein fühlt (Unterricht/Modelle; Unterstützung durch andere).

Das wird ganz besonders zu Anfang des Trauerprozesses hilfreich sein. Bitten Sie den Menschen, ein Geräusch zu machen, das ausdrückt, wie er sich fühlt. Vielleicht müssen Sie das vormachen. Das Geräusch kann ein Stöhnen sein, ein Jammern, ein Schrei, ein Seufzer usw. Wenn die Person ihr individuelles Geräusch gemacht hat, spiegeln Sie es ihr wider. Ermutigen Sie ihn oder sie, es einige Male zu tun. Diese Übung ermutigt Menschen, Gefühle sprachlich auszudrücken, und hilft ihnen, Unterstützung zu empfinden. Bei Personen, die nicht verbal sind und nur wenige Töne verwenden, können Sie ihre Anpassung an seine oder ihre Äußerungsformen dadurch zeigen, dass Sie Handbewegungen dieser Personen wiederholen. Sie haben z. B. beobachtet, dass er oder sie auf bestimmte Art und Weise mit den Händen durch die Luft fährt. Sie können versuchen, dieses

Verhalten nachzuahmen und dabei die Reaktion ihres Gegenübers beobachten.

(20) Wenn auch Sie Trauer empfinden, gestatten Sie der hinterbliebenen Person, Ihre Trauer zu sehen und darüber zu sprechen (Unterricht/Modell; Unterstützung durch andere; verbale Hilfen).

Wenn Sie von Trauer erfüllt sind, werden Sie von Zeit zu Zeit anders denken, sprechen und handeln als Sie es sonst tun.

- Der behinderte Mensch muss wissen, dass nicht er oder sie der Grund für Ihr ungewöhnliches Verhalten ist.
- Der geistig behinderte Mensch kann viel über normale menschliche Gefühle und über den angemessenen Ausdruck dieser Gefühle lernen, wenn er sieht, welche Gefühle Sie erleiden und wie Sie damit umgehen. Wenn Erwachsene mit geistiger Behinderung älter werden, ist es wichtig für sie zu lernen, dass Trauer und Weinen „normal" für alle Erwachsenen sind, wenn sich ein Verlust ereignet hat, und dass sie ihre Gefühle nicht verbergen müssen.
- Der Erwachsene mit geistiger Behinderung lernt auch, dass andere sich in dieser Situation anders als gewöhnlich fühlen.
- Es tut Menschen gut, wenn sie einander helfen können. Gestatten Sie dem Menschen mit geistiger Behinderung, Teil dieses Prozesses des Gebens und Nehmens zu sein und Ihnen und anderen während dieser schwierigen Zeit zu helfen. Es gibt viele Gelegenheiten, in denen er oder sie assistieren kann, z. B. Taschentücher bringen oder etwas zu trinken, jemandem die Schulter klopfen oder sich um die Kinder der Familie kümmern.

(21) Verwenden Sie Bücher, die Ihnen helfen, den Begriff des Todes und die auftretenden Gefühle, die jemand dann wahrscheinlich erleidet, zu erklären (Unterricht/Modelle).

Geeignete Bücher können von einer Bücherei oder einem Hospiz in Ihrer Nähe besorgt oder ausgeliehen werden. Häufig besitzen Hospize oder auf Trauer spezialisierte Therapeuten Bibliografien empfohlener Bücher. Wählen Sie Bücher aus, die leicht zu verstehen sind und die Bilder enthalten. Einige der Bücher, die entwickelt wurden, um Kindern in ihrer Trauer zu helfen, können sehr geeignet sein, aber achten Sie darauf, Bücher zu wählen, die nicht zu kindlich sind, sonst würde der trauernde Erwachsene sich gekränkt fühlen. Stellt ein Erwachsener mit geistiger Behinderung fest, dass es sich um ein Kinderbuch handelt, können Sie das bestätigen und sagen, dass aber viele Erwachsene dieses Buch auch hilfreich fanden. Vielleicht möchten Sie es mit verschiedenen Büchern versuchen, weil die Reaktionen sich von Person zu Person unterscheiden. Folgende deutschsprachige Kinderbücher kommen dafür in Betracht:

– Fried, Amelie/Gleich, Jacky: Hat Opa einen Anzug an? Hanser, München/Wien 1997.
– Stalfelt, Pernilla: Und was kommt dann? Das Kinderbuch vom Tod. Aus dem Schwedischen von Birgitta Kicherer. Moritz, Frankfurt a. M. 2000.
– Tidholm, Thomas/Tidholm, Anna Clara: Die Reise nach Ugri-La-Brek. Aus dem Schwedischen von Salah Naoura. Beltz, Weinheim 1990.

(22) Verwenden Sie visuelle Hilfsmittel, damit ein geistig behinderter Mensch herausfinden kann, wie er oder sie sich fühlt (Unterricht/Modell; Unterstützung durch andere).

Manchmal haben Erwachsene mit geistiger Behinderung Schwierigkeiten, ihre Gefühle in Worten auszudrücken, oder sie scheuen sich, etwas mitzuteilen, das sie für ein negatives Gefühl halten. Das führt häufig zu dem Ergebnis, dass sie sagen, es gehe ihnen gut oder sie seien glücklich oder nicht durcheinander, selbst wenn das von der Wahrheit weit entfernt ist. Eine hilfreiche Methode, die wahren Gefühle herauszufinden, besteht darin, unter Verwendung eines konkreten visuellen Hilfsmittels Optionen anzubieten, so dass es nicht bedrohlich ist, sondern sachlich. Ein solches Hilfsmittel können Zeichnungen oder Fotos sein, die aus Zeitschriften ausgeschnitten wurden und eine Reihe von Gefühlen darstellen: glücklich, traurig, wütend, ängstlich usw.

Eine einfache Technik ist vom *Waisman Center Program on Aging & Developmental Disabilities* in Madison, Wisconsin, eingesetzt worden. Es handelt sich um eine Seite mit einfachen Strichzeichnungen von fünf Gesichtern (Variationen der wohlbekannten Smilies). Die fünf Gesichter stellen jemanden dar, der sehr unglücklich ist, ziemlich unglücklich, neutral, ziemlich glücklich und sehr glücklich. Ein Beispiel zeigt Abb. 6. Der geistig behinderte Mensch kann gefragt werden, welches Gesicht ihm oder ihr am meisten gleicht. „Wer davon bist Du? Wie fühlst Du Dich heute?" „Wie findest Du es, heute wieder zur Arbeit zu gehen?" „Wie fühlst Du Dich, wenn Du an den Menschen denkst, der gestorben ist?"

Abb. 6: Beispiele eines visuellen Hilfsmittels, um zu kommunizieren, wie man sich fühlt: sehr unglücklich, ziemlich unglücklich, neutral, ziemlich glücklich, sehr glücklich

Wenn es für jemanden sehr ungewohnt ist, seine oder ihre Gefühle mitzuteilen, kann es angenehmer sein, zunächst darüber zu sprechen, wie andere sich in einer ähnlichen Situation fühlen würden. Sie könnten fragen: „Was glaubst Du, wie jemand sich fühlt, wenn seine oder ihre Mutter stirbt? Denkst Du, dass er oder sie gern zum Begräbnis gehen würde?" Dann können Sie mit persönlichen Fragen an ihr Gegenüber weitermachen.

(23) Beobachten Sie die Reaktionen des geistig behinderten Menschen genau oder gewinnen Sie die Hilfe anderer, die diesen Menschen gut kennen, um seine oder ihre Gefühle herauszufinden (Unterstützung durch andere).

Dieser Hinweis ist besonders wichtig, wenn Sie mit nonverbalen Menschen zu arbeiten beginnen oder mit Menschen, die nicht in der Lage sind, ihre Gefühle mitzuteilen. Beobachten Sie die Körpersprache dieses Menschen und seine Geräusche. Vermittelt er oder sie negative oder positive Gefühle? Unterscheiden Sie die Reaktionen dieser Person, wenn sie glücklich ist, unglücklich, ängstlich, durcheinander usw. Finden Sie heraus, was auf diese Person anregend wirkt und wie sie oder er diese Anregung zeigt. Liebt er oder sie es z. B., den Sonnenschein zu fühlen? Wenn das der Fall ist, welches Verhalten zeigt Ihnen das? Wie reagiert er oder sie auf ein Kätzchen? Wie reagiert dieser Mensch auf verschiedene Arten von Musik? Haben Sie ein Verhalten beobachtet, das Ihnen unerklärlich ist, das Sie aber beständig sehen (z. B. Wendung des Kopfes nach rechts oder Anheben eines Fußes)? Versuchen Sie gemeinsam mit anderen, die Bedeutung dieses Verhaltens herauszufinden. Wenn Sie die bereits bestehenden Verhaltensmuster kennen lernen, wird Sie das in die Lage versetzen, zu verstehen, wie ein Mensch sich fühlt.

(24) Erkennen Sie die Gefühle des hinterbliebenen Menschen an und bestätigen Sie sie (Unterstützung durch andere, verbale Hilfen).

Ein Hinterbliebener kann eine Vielfalt von Gefühlen erleben: Trauer, Wut, Angst, Verwirrung, Einsamkeit oder Erleichterung. Teilt er oder sie Ihnen diese Emotionen mit, müssen Sie akzeptieren und anerkennen, dass sie für ihn bzw. sie wirklich sind. Vermeiden Sie es, dem Menschen zu sagen, wie er oder sie sich fühlen muss. Sagen Sie z. B. nicht: „Du solltest froh sein, dass der Verstorbene nicht länger leidet." Akzeptieren Sie stattdessen, wie der hinterbliebene Mensch fühlt, und lassen Sie ihn oder sie wissen, dass Sie das verstehen. „Natürlich bist Du wütend, es ist sehr hart, jemanden zu verlieren, den Du so sehr liebst." „Ja, das ist jetzt zum Fürchten, weil Du ja Dein Leben lang mit Deiner Mutter zusammengelebt hast." „Ja, viele Menschen weinen sehr, wenn jemand, der ihnen nahe gestanden hat, stirbt, und Du hast Deinen Vater sehr geliebt." Wenn der geistig behinderte Mensch Ihnen nicht sagt, wie er oder sie sich fühlt, Sie aber etwas beobachtet haben, möchten Sie wohl Ihre Beobachtung bestätigt wissen: „Du scheinst Dich heute Morgen nicht gut zu fühlen. Vermisst Du Deine Mutter morgens besonders? Viele Menschen finden den Morgen schwierig."

(25) Erlauben Sie angemessenen Ausdruck von Wut, wenn der behinderte Mensch wütend über den Tod ist, und ermutigen Sie dazu (Unterricht/Modelle; Unterstützung durch andere; verbale Hilfen).

Wenn jemand im Zusammenhang mit einem Todesfall Wut empfindet, ist es wichtig für ihn oder sie, das auszudrücken. Für manche Menschen ist es ein Bedürfnis, Wut durch Verhalten auszudrücken und nicht nur durch Worte. Sich selbst oder andere zu verletzen oder Eigentum zu beschädigen, ist niemals akzeptabel. Geleiten Sie den geistig behinderten Menschen zu angemessenen Verhaltensweisen hin, zeigen Sie ihm die akzeptablen Orte und Zeiten, diese Wut auszudrücken. Ein wichtiger Hinweis ist, andere, die mit dem Hinterbliebenen alltäglich umgehen, über diese Gelegenheiten zum Auslassen der Wut zu informieren, damit sie diese Ausbrüche nicht missinterpretieren. Zu den Möglichkeiten, die in Betracht kommen, gehört die Teilnahme an Sportarten mit energischer Körperarbeit (z. B. Walking, Jogging, Schwimmen), Werfen mit Marshmallows, ins Kissen schlagen, unter der Dusche oder wenn niemand da ist schreien, Eiswürfel mit einem Hammer zertrümmern, Papier zerreißen, Unkraut ausreißen. Die zwei letzteren Aktionen sind brauchbar, wenn der behinderte Mensch Regelungen akzeptiert, wann diese Tätigkeiten sinnvoll sind und wann nicht: Welches Papier kann z. B. zerrissen werden und welches ist wertvoll? Welche Pflanzen sind Unkraut und welche sind Blumen oder Gemüse?

(26) Regen Sie den Hinterbliebenen dazu an, ein Bild von sich zu zeichnen und darzustellen, wie er oder sie sich fühlt (Kreativität; Unterstützung durch andere; verbale Hilfen).

Stellen Sie eine Auswahl von Buntstiften, Filzstiften, Kreiden oder Farben zur Verfügung. Fordern Sie den geistig behinderten Menschen dazu auf, ein Bild von sich zu zeichnen oder zu malen, das zeigt, wie er oder sie sich fühlt. Regen Sie den Menschen dazu an, es Ihnen zu erklären, statt dass Sie es selbst interpretieren. Versuchen Sie, einzelne Aspekte des Bildes neutral zu kommentieren, statt zu loben. So können Sie Situationen vermeiden, in denen dieser Mensch zeichnet, um ihnen einen Gefallen zu tun. Sie können z. B. kommentieren: „Ich sehe, dass die Person in diesem Bild lächelt." Versuchen Sie nicht zu sagen: „Ich bin froh, dass diese Person lächelt." Denn dann könnte der Behinderte bei nächster Gelegenheit ein lächelndes Gesicht zeichnen, um Ihnen zu gefallen, selbst wenn er oder sie an diesem Tag lieber jemanden malen würde, der weint oder wütend ist.

Wenn jemand Schwierigkeiten damit hat, ein Bild zu zeichnen, das seine oder ihre Gefühle wiedergibt, können Sie vorschlagen, sich vorzustellen, wie jemand anderes in einer ähnlichen Situation fühlen würde. „Kannst Du ein Bild davon zeichnen, wie ein Mann oder eine Frau sich fühlt, nachdem ein Elternteil gestorben ist?" Später können Sie dann fragen, ob er oder sie sich ähnlich fühlt wie die Person auf dem Bild.

Jeder Mensch hat einen individuellen Fingerabdruck, dieses Symbol kann als Basis eincr Zeichnung dazu dienen, mit dem hinterbliebenen Menschen über seine oder ihre persönlichen Gefühle zu sprechen. Der trauernde Mensch kann auch Abdrücke aller Finger seiner oder ihrer Hand machen und jedem davon ein eigenes Gesicht geben. Das kann als Hilfe eingesetzt werden, um dem behinderten Menschen zu erklären, dass man manchmal mehrere verschiedene Gefühle zur gleichen Zeit empfindet. Jemand kann z. B. im selben Augenblick über etwas ängstlich, wütend, traurig und glücklich sein.

(27) Verwenden Sie Merksätze, um dem behinderten Menschen zu helfen), mit seiner Trauer fertig zu werden (Unterricht/Modelle; Unterstützung durch andere).

Während der Anfangsphase der Trauer können Sie den behinderten Menschen anregen, einen Satz oder Wahlspruch zu verwenden, um besser damit fertig zu werden. Der Vorgang des Wiederholens solch eines Satzes in Momenten, wo er oder sie sich besonders durcheinander fühlt, kann dazu verhelfen, sich ruhiger zu fühlen, und ein Gefühl der Unterstützung auslösen. Es können Sätze verwendet werden wie „Ich akzeptiere es" oder „Ich kann das schaffen" oder „Es wird wieder gut".

(28) Lehren Sie die geistig behinderte Person), einen Satz oder Wahlspruch zu singen (Unterricht/Modelle; Musik; Unterstützung durch andere).

Helfen Sie dem Menschen mit geistiger Behinderung, einen Satz oder Wahlspruch zu finden, der ihm oder ihr hilft, besser mit allem fertig zu werden (vgl. Vorschlag 27). Bitten Sie die Person, diesen Satz für Sie zu singen. Wiederholen Sie diesen Gesang in derselben Melodie, die er oder sie dafür genommen hat. Zeigen Sie dem oder der Trauernden, wann oder wo es angebracht ist, zu singen.

(29) Zeichnen oder besorgen Sie ein Körperschema (Kreativität).

Bitten Sie den Menschen mit geistiger Behinderung, sich auf den Boden auf einen großen Bogen Papier (Makulatur) zu legen oder sich vor eine Wand zu stellen, an die ein solches Papier geheftet ist. Mit einem Stift zeichnen Sie den lebensgroßen Umriss seines oder ihres Körpers. Sie können auch einen kleinen Körperumriss verwenden, den Sie gezeichnet oder fertig vorgefunden haben. Wenn Sie vorhaben, den Körper des behinderten Menschen nachzuzeichnen, ist es sehr wichtig, zunächst um Zustimmung dafür zu bitten; manche Menschen empfinden das als sehr unbehaglich und sehen es als einen Übergriff auf ihre Intimsphäre an. Lassen Sie die Menschen selbst die Konturen zwischen ihren Beinen nachzeichnen oder an allen Stellen, an denen sie empfindlich sind.

Geben Sie dem behinderten Menschen Kreide, Buntstifte oder Filzstifte. Bitten Sie, das Körperschema so zu kolorieren, dass es so aussieht wie er oder sie sich innerlich fühlt. Bitten Sie den behinderten Menschen zu beschreiben, warum bestimmte Farben verwendet wurden und warum verschiedene Regionen des Körpers unterschiedlich gefärbt wurden. Versuchen Sie, eigene Interpretationen zu vermeiden. Im Verlauf der nächsten ein oder zwei Jahre können Sie den behinderten Menschen zwei- oder dreimal auffordern, diese Übung durchzuführen. Heben Sie die Zeichnungen auf und fragen Sie den trauernden Menschen, ob er oder sie Veränderungen in den Bildern erkennen kann.

Sie könnten den geistig behinderten Menschen auch bitten, das Körperschema auf beiden Seiten farbig anzumalen (dafür sollten Sie festeres Papier verwenden). Auf die eine Seite könnte der behinderte Mensch zeichnen, wie andere ihn oder sie sehen, und auf der anderen Seite könnten die Gefühle gezeigt werden, die er oder sie oft im Innern verspürt.

(30) Finden Sie ein Gebet, ein Gedicht, ein Zitat oder ein Kirchenlied, dessen Worte dem geistig behinderten Menschen

Trost geben und die ihm etwas bedeuten (Religion/Spiritualität; Unterstützung durch andere).

Lesen Sie diese Worte dem oder der trauernden Behinderten vor, und machen Sie ihm oder ihr eine Kopie davon, wenn er oder sie lesen kann. Die Mitarbeiterin einer Einrichtung für Wohnstätten für Erwachsene mit geistiger Behinderung berichtete, dass sie einer Hinterbliebenen half, eine hölzerne Tafel herzustellen, auf die die Worte eines tröstenden Gedichts geschrieben waren. Die Frau konnte diese Tafel in der Wohnung aufhängen, sie abnehmen und lesen, und sie konnte sie mitnehmen. In den folgenden Kästen finden Sie einige Vorschläge für Gebete, Gedichte und Zitate, die verwendet werden können.

Beispiel eines Gedichts, das verwaisten Menschen Trost geben kann

An meine geliebte Familie, etwas, das ich Euch sagen möchte.
Als erstes sollt Ihr wissen, ich bin gut angekommen.
Ich schreibe Euch vom Himmel, wo ich bei Gott wohne.
Wo es keine Tränen der Trauer mehr gibt, nur ewige Liebe.
Bitte seid nicht unglücklich, nur weil ich nicht mehr zu sehen bin.
Denkt daran, dass ich jeden Morgen, jeden Mittag und jede Nacht bei Euch bin.
An dem Tag, als ich Euch verlassen musste, als mein Leben auf der Erde vorüber war,
Las Gott mich auf und umarmte mich, und er sagte: „Ich heiße Dich willkommen.
Es ist gut, Dich wieder zu haben, Du wurdest vermisst, als Du fort warst.
Wie von Deiner geliebten Familie, sie werden später auch hier sein.
Ich brauche Dich hier so nötig als Teil meines großen Plans.
Es gibt so viel, das wir tun müssten, um dem sterblichen Menschen zu helfen."
Dann gab Gott mir eine Liste der Dinge, die ich für Euch tun soll.
Der größte Teil meiner Liste ist, Euch zu beobachten und für Euch zu sorgen.
Und ich werde bei Euch sein jeden Tag und jede Woche und jedes Jahr,
Und wenn Ihr traurig seid, bin ich da, die Tränen abzuwischen.
Und wenn Ihr nachts im Bett liegt, die Alltagsmühen in die Flucht geschlagen sind,
sind Gott und ich in der Mitte der Nacht bei Euch.

Wenn ich an mein Leben auf der Erde denke und all die Jahre voll Liebe,
Sie müssen Euch Tränen bringen, weil Ihr nur menschlich seid.
Habt bitte keine Angst zu weinen, das erleichtert den Schmerz,
Bedenkt, es gäbe keine Blumen, wenn es nicht auch den Regen gäbe.
Ich wünschte, ich könnte Euch sagen, was Gott alles vorhat.
Aber wenn ich es täte, würdet Ihr es nicht verstehn.
Aber eines ist sicher, obwohl mein Leben auf der Erde vorüber ist,
bin ich Euch näher, als ich je vorher war.
Und, meine vielen Freunde, vertraut darauf, dass Gott es am besten weiß.
Ich bin gar nicht weit von Euch entfernt, ich bin nur jenseits des Hügels.
Ihr habt steinige Wege vor Euch und viele Berge zu erklimmen,
Aber gemeinsam können wir es schaffen, einen Tag nach dem anderen.
Es war immer meine Philosophie, und ich hoffe für Euch auch,
Dass, wenn Du der Welt etwas gibst, wird die Welt Dir etwas geben.
Wenn Du jemandem in Kummer und Schmerz helfen kannst,
Dann kannst Du Gott am Abend sagen: „Mein Tag war nicht vergebens.
Und ich bin jetzt zufrieden, dass mein Leben etwas wert war,
Weil ich weiß, dass ich jemanden, dem ich begegnete, zum Lächeln brachte."
Wenn Du also jemanden triffst, der niedergeschlagen und in gedrückter Stimmung ist,
Reich ihm Deine Hand und hilf ihm auf, während du vorüber gehst.
Wenn Du die Straße entlang gehst und ich komme Dir in den Sinn,
Dann gehe ich in Deinen Fußspuren gerade einen halben Schritt hinter Dir.
Und wenn Du diese sanfte Brise oder den Wind auf Deinem Gesicht fühlst,
Das bin ich, der Dich fest drückt oder nur sanft umarmt.
Und wenn es für Dich Zeit ist, Deinen Körper zu verlassen, um frei zu sein,
Denke daran, dass Du nicht gehst, sondern hierher zu mir kommst.
Und ich werde Dich immer lieben aus diesem Land hier oben,
Wir treffen uns bald.
P.S. Gott grüßt in Liebe.
Unbekannter Autor

**Der Text eines bekannten Gebets,
das eine verwaiste Person trösten kann**

Das Vater unser

Vater unser im Himmel.
Geheiligt werde Dein Name.
Dein Reich komme.
Dein Wille geschehe, wie im Himmel, so auf Erden.
Unser tägliches Brot gib uns heute.
Und vergib uns unsere Schuld,
wie auch wir vergeben unseren Schuldigern.
Und führe uns nicht in Versuchung,
sondern erlöse uns von dem Bösen.
Denn dein ist das Reich und die Kraft
und die Herrlichkeit in Ewigkeit.
Amen.

**Ein Gebet der Erinnerung, das verwaiste Menschen
jeder ethnischen oder religiösen Herkunft trösten kann**

Wir denken an sie

Beim Sonnenaufgang und bei ihrem Untergang
denken wir an sie.
Wenn der Wind weht und im Frost des Winters
denken wir an sie.
In der Sonnenwärme und im Sommerfrieden
denken wir an sie.
Am Anfang des Jahres und wenn es endet,
denken wir an sie.
Wenn wir uns matt fühlen und Stärke brauchen,
denken wir an sie.
Wenn wir uns verloren fühlen und das Herz tut uns weh,
denken wir an sie.
Wenn wir uns danach sehnen, unsere Freude mitzuteilen,
denken wir an sie.
So werden sie leben, so lange wir leben, denn sie sind
ein Teil von uns,
wenn wir an sie denken.

**Text eines bekannten kurzen Gebets,
das einen verwaisten Menschen trösten kann**

Gebet um Gelassenheit

Gott, gewähre mir
die Gelassenheit, Dinge zu akzeptieren, die ich nicht ändern kann,
den Mut, Dinge zu ändern, die ich ändern kann,
und die Weisheit, das eine vom anderen zu unterscheiden.

Unbekannter Autor

**Worte aus dem Psalm 23,
die einen verwaisten Menschen trösten können**

Psalm 23

Der Herr ist mein Hirte,
mir wird nichts mangeln.

Er weidet mich auf einer grünen Aue
und führet mich zum frischen Wasser.

Er erquicket meine Seele.
Er führet mich auf rechter Straße um seines Namens willen.

Und ob ich schon wanderte im finstern Tal,
fürchte ich kein Unglück;
denn du bist bei mir,
dein Stecken und Stab trösten mich.

Du bereitest vor mir einen Tisch
im Angesicht meiner Feinde.
Du salbest mein Haupt mit Öl
und schenkest mir voll ein.

Gutes und Barmherzigkeit werden mir folgen mein Leben lang,
und ich werde bleiben im Hause des Herrn immerdar.

(31) Schlagen Sie dem geistig behinderten Menschen vor, ein Bild zu zeichnen oder zu malen, das ihn oder sie an die verstorbene Person erinnert (Kreativität; Unterstützung durch andere).

Besorgen Sie Farben, Filzstifte, Buntstifte und Papier. Wenn das Bild fertig ist, fragen Sie den behinderten Menschen, ob er oder sie Ihnen etwas darüber sagen möchte. So können Sie Anhaltspunkte bekommen, was er oder sie bei den Inhalten dieses Bildes empfindet. Zwingen Sie dem behinderten Menschen nicht Ihre Interpretationen des Bildes auf; fragen Sie vielmehr nach den eigenen Interpretationen. Spiegeln Sie der Person Ihre Beobachtungen über dieses Bild wider. Wenn z. B. ein Bild von einem weinenden Menschen gezeichnet wurde, könnten Sie fragen, ob er oder sie weinen möchte. Wenn jemand das Bild eines Friedhofs zeichnet, fragen Sie, ob er oder sie an den Menschen gedacht hat, der dort begraben wurde; fragen Sie, ob die hinterbliebene Person den Friedhof besuchen möchte. Wenn jemandem diese Form des Ausdrucks liegt, möchte er oder sie Sie vielleicht mehrmals treffen, um Bilder herzustellen und mit Ihnen zu besprechen.

(32) Bieten Sie dem Hinterbliebenen an, gemeinsam zu beten (Religion/Spiritualität; Unterstützung durch andere).
Wenn zum religiösen Glauben des behinderten Menschen Gebete gehören und wenn Sie sich dabei gut fühlen, bieten Sie an, einige Zeit mit ihm oder ihr im Gebet zu verbringen. Suchen Sie einen ruhigen Ort, an dem Sie allein sein können. Ermutigen Sie den behinderten Menschen, seine bzw. ihre eigenen Worte beim Beten zu benutzen. Hat dieser damit Schwierigkeiten, könnten Sie ihm ein einfaches Gebet anbieten, z. B.: „Guter Gott, ich danke Dir sehr, dass Du mir eine so wunderbare Mutter gegeben hast. Ich liebe sie sehr. Ich vermisse sie, aber ich bin froh, dass sie nicht leidet und dass sie bei Dir sicher aufgehoben ist. Bitte steh mir bei und hilf mir, mich besser zu fühlen. Amen." Sie können auch Gebete einbeziehen, die Teil seiner oder ihrer religiösen Tradition sind, z. B. das Vaterunser (S. 73), den Psalm 23 (S. 74), das Gebet um Gelassenheit (S. 74) oder das Gebet der Erinnerung (S. 73).

Es ist wichtig, dass Sie sich ihrer eigenen religiösen Sicht bewusst sind und darauf achten, diese nicht der behinderten Person aufzuzwingen.

(33) Helfen Sie dem behinderten Menschen, eine Hörkassette mit bevorzugten Kirchenliedern zu besorgen oder zusammenzustellen (Musik; Religion/Spiritualität).
Erkundigen Sie sich nach dem religiösen Hintergrund des geistig behinderten Menschen, wenn er oder sie Ihnen nicht vertraut ist. Wenn es ein Mensch ist, der Trost aus Musik schöpft, su-

chen Sie einige Kirchenlieder heraus, die diese Person trösten. Dies können Sie tun, indem Sie den geistig behinderten Menschen nach den Titeln seiner oder ihrer bevorzugten Kirchenlieder fragen, sie vielleicht vorsingen lassen, mit der Familie über Kirchenlieder sprechen, die zum religiösen Erbe dieses Menschen gehören, mit einem Geistlichen, einem Kirchenmusikdirektor oder Chorleiter über Musik sprechen, die von vielen Gemeindemitgliedern als tröstend empfunden wird; Sie können auch eine Reihe von Kirchenliedern vorspielen und von dem geistig behinderten Menschen herausfinden lassen, welche er oder sie am liebsten mag. Kaufen Sie oder stellen Sie selbst eine spezielle Hörkassette von dieser Musik zusammen, damit der geistig behinderte Mensch sie abspielen kann, wenn ihm oder ihr diese Form des Trostes recht ist.

(34) Helfen Sie dem geistig behinderten Menschen, eine „Gefühle-Schachtel" herzustellen (Kreativität).

Dieses Vorgehen hilft, zwischen den Gefühlen, die eine Person der Umwelt zeigt (z. B.: „Mir geht's gut"), und den Gefühlen, die er oder sie im Innern fühlt (z. B.: „Ich bin traurig, einsam, ängstlich oder wütend") zu unterscheiden. An Material ist nötig: Eine Anzahl unterschiedlich großer Schachteln (Schuhschachtel oder kleiner), eine größere Anzahl von ausgeschnittenen Bildern aus Zeitschriften oder einen Stapel Zeitschriften, Filzstifte zum Schreiben, Kleber.

Damit kann der trauernde Mensch eine Schachtel-Collage herstellen. Er oder sie kann eine Schachtel auswählen und auf die Außenseite Bilder kleben, die sein oder ihr Gesicht gegenüber anderen darstellen; ins Innere der Box werden Bilder, Zeichnungen oder Worte getan, die zeigen, wie er oder sie sich wirklich fühlt. Auch andere Materialien können zu der Schachtel hinzugefügt werden, etwa Stoffe, Bänder, Garn, Watte oder Seidenpapier. Menschen können Gegenständen mit bestimmter Farbe oder von bestimmter Beschaffenheit Bedeutung zumessen. Manche Menschen mit geistiger Behinderung haben z. B. Watte verwendet, um das Innere ihrer Schachtel auszupolstern, um dann ausgeschnittene Herzen oder andere bedeutungsvolle Bilder darin zu betten.

Manche Menschen wollen anfangs nur die Innenseite der Schachtel dekorieren und erst nach und nach die Außenseite. Das kann ihnen dabei helfen, die anfänglichen Gefühle der Trauer zu erkennen und zu akzeptieren. Langsam verinnerlichen sie Veränderungen ihrer Gefühle und folglich der Gefühle, die sie anderen offenbaren. Wenn die Schachtel einen Deckel hat, kann der geistig behinderte Mensch sich weniger verletzlich fühlen und entscheiden, seine Intimsphäre zu wahren, indem die Schachtel geschlossen bleibt. Er oder sie kann ermutigt werden, seine oder ihre Gefühle mitzuteilen, indem der Deckel mehr und mehr offen gehalten wird. Nach einiger Zeit kann der geistig behinderte Mensch den Wunsch verspüren, die Bilder auszuwechseln oder eine neue Schachtel herzustellen.

(35) Finden Sie am Wasser einen behaglichen Platz zum Entspannen (Natur/im Freien).

Oft kann es beruhigen, an einem See, Teich, Strom, Fluss, Sumpf oder Meer zu sitzen oder sich dort aufzuhalten. Wasser ist ein unentbehrliches Element des Lebens. Sich mit ihm in der Natur zu verbinden, kann Menschen helfen, Verständnis für den natürlichen Fluss von Leben und Tod wiederzugewinnen. Die Zeit am Wasser zu verbringen, befreit häufig die inneren Gedanken und Gefühle eines Menschen. Es ist fast so, als ob jemand unter die Oberfläche taucht, um freizugeben, was in seinem oder in ihrem Herzen lastet. Es kann helfen, die Trauer, die eine Person mit sich trägt, zu erleichtern.

(36) Gehen Sie aufs Wasser (Natur/im Freien).

Diese Übung eignet sich nur für Menschen, die keine Angst vor der Weite des Wassers haben. Wählen Sie einen Tag, an dem das Wasser verhältnismäßig ruhig ist. Mit einem Boot aufs Wasser zu gehen oder auf einer Luftmatratze im Wasser zu treiben, das An- und Abschwellen des Wassers zu fühlen, kann besänftigen. Manche Gemeinden haben eigene Brückenkähne für behinderte Menschen; die Mietpreise sind ermäßigt. Klären Sie mit den in Ihrer Gemeinde für Freizeit Zuständigen, ob ein Boot zur Verfügung steht.

(37) Schicken Sie Botschaften auf das Wasser (Natur/im Freien; Rituale/Traditionen).

Unabhängig, ob jemand beim Wasser sitzt oder sich auf das Wasser begeben hat, könnte er oder sie erwägen, kleine Zettel mit persönlichen Gedanken, Gefühlen oder Erinnerungen dem Wasser zu übergeben. Diese Gedanken und Gefühle können aufgeschrieben sein oder in Form eines Bildes, das den Begriff oder das Gefühl darstellt, das hier freigegeben werden soll. Die Tätigkeit, Zettel ins Wasser zu werfen und zuzusehen, wie sie davontreiben, kann helfen, den emotionalen Aufruhr, der nach dem Tod eines geliebten Menschen empfunden wird, zu besänftigen. Wenn Sie sich dafür entscheiden, diesem Vorschlag zu folgen, empfehlen die Autorinnen zu bedenken, welchen Einfluss das auf die Umwelt hat. Wägen Sie den möglichen Gewinn durch diese Übung gegen Umwelteinflüsse ab.

(38) Eine Botschaft oder Aufzeichnung vergraben (Natur/im Freien; körperliche Tätigkeit; Rituale/Traditionen).

Die Botschaft oder Aufzeichnung kann etwas enthalten, das schwer loszulassen ist – vielleicht eine problematische Erinnerung oder eine Streitfrage um den Verstorbenen oder ein Bedauern. Diese Handlung ist als Ritual zu bezeichnen. Das Ritual wird nicht die Erinnerung auslöschen, aber es kann dem geistig behinderten Menschen helfen, die Bedeutung des „Loslassens" von Energie und Emotion zu erkennen, die sonst gebunden ist. Die Aufzeichnung kann im Voraus geschrieben sein, vielleicht möchte der behinderte Mensch auch Papier und Stifte mitnehmen, um im Freien einen angenehmen Ort zu finden und dort seine Notiz aufzuschreiben. Denken Sie daran, eine Gartenharke oder eine kleine Schaufel mitzunehmen, um die Aufzeichnung einzugraben. Es ist zu empfehlen, dieses Vorhaben auf privatem Grund durchzuführen. Versuchen Sie bitte, die Stelle so zu hinterlassen, wie Sie sie vorfanden.

(39) Zünden Sie vier Kerzen an und besprechen Sie ihre symbolische Bedeutung (Musik; Rituale/Traditionen).

Zünden Sie vier Kerzen an, jede davon beschriftet mit einem der folgenden Wörter: Trauer, Mut, Erinnerung und Liebe. Sprechen Sie kurz mit dem behinderten Menschen über die Bedeutung dieser Worte. Geben Sie dem hinterbliebenen Menschen eine noch nicht angezündete Kerze. Fordern Sie ihn oder sie auf, diese Kerze an den anderen anzuzünden. Man kann das Feuer von einer, von mehreren oder von allen vier Kerzen nehmen. Regen Sie den trauernden Menschen dazu an, zu erklären, warum (eine) bestimmte Kerze(n) ausgesucht wurde(n), um die eigene anzuzünden. Falls Sicherheitsvorschriften oder Hausordnungen die Verwendung von Kerzen verbieten, können Sie Taschenlampen nehmen und das Ritual entsprechend abändern. Statt eine Kerze an anderen anzuzünden, kann der oder die Hinterbliebene z. B. die anderen Taschenlampen mit der eigenen berühren. Im untenstehenden Kasten finden Sie die Beschreibung einer Kerzenzeremonie. Vielleicht möchten Sie Musik verwenden, um dieses Ritual zu verstärken.

> **Kerzenritual nach Paul Alexander**
>
> Wenn wir die vier Kerzen dir zu Ehren anzünden, zünden wir eine für unsere Trauer an, eine für unseren Mut, eine für unsere Erinnerungen und eine für unsere Liebe.
> Zünde die erste Kerze an. Diese Kerze repräsentiert unsere Trauer. Der Schmerz, dich verloren zu haben, ist stark. Er erinnert uns an die Größe unserer Liebe für dich.
> Zünde die zweite Kerze an. Diese Kerze repräsentiert unseren Mut – unserem Kummer zu begegnen – einander zu trösten – unser Leben zu ändern.
> Zünde die dritte Kerze an. Dieses Licht ist die Erinnerung an dich – die Zeiten, als wir lachten, die Zeiten, als wir weinten – die Zeiten, als wir aufeinander wütend waren – die Dummheiten, die du begingst – die Liebe und Freude, die du uns gabst.
> Zünde die vierte Kerze an. Dieses Licht ist das Licht der Liebe. Tag für Tag werden wir den besonderen Platz in unserem Herzen pflegen, der immer für dich bestimmt ist. Wir danken dir für die Gabe, die dein Leben für jeden von uns war. Wir lieben dich.

(40) Verwenden Sie Steinchen und Luftballons, um die Erleichterung zu veranschaulichen, die das Sprechen über Gefühle bewirkt (Unterricht/Modelle; Rituale/Traditionen).

Sammeln Sie kleine Steine und beschriften Sie jeden davon mit dem Begriff für ein heikles Gefühl wie Wut, Trauer oder Eifersucht. Legen Sie sie in ein Körbchen und befestigen Sie eine ausreichende Anzahl von Luftballons daran, so dass sie das

Körbchen anheben können, wenn die Steine entfernt worden sind.

Bitten Sie den Menschen mit geistiger Behinderung, Ihnen zu helfen, die mit den heiklen Gefühlen beschrifteten Steinchen zu entfernen. Fordern Sie ihn oder sie auf, über diese Gefühle in Bezug auf den erlittenen Verlust zu sprechen. Demonstrieren Sie, dass Menschen, die ihre Gefühle mitteilen, mit der Zeit nicht länger belastet, niedergedrückt sind und dass sie sich wieder besser fühlen.

(41) Machen Sie einen Spaziergang in angenehmer Umgebung, während Sie mit dem/der Trauernden darüber sprechen, wie er oder sie mit dem Todesfall fertig wird (Natur/im Freien; körperliche Tätigkeit; Unterstützung durch andere, verbale Hilfe).

Wenn man in einem Raum sitzt, ist es manchmal schwierig, Gedanken und Emotionen mitzuteilen. Emotionen können zu stark sein oder jemand bekommt dabei das Gefühl, auf negative Weise hervorzutreten. Erwägen Sie einen Spaziergang mit dem geistig behinderten Menschen an einem angenehmen Ort. Es gibt weniger öffentliche Orte, und die Tätigkeit des Gehens kann das Sprechen erleichtern. Während des Spaziergangs drängen Sie den geistig behinderten Menschen behutsam, über seine oder ihre Gefühle oder über die verstorbene Person zu sprechen. Fürchten Sie sich nicht vor Schweigsamkeit; während ruhiger Zeiten sammelt der behinderte Mensch vielleicht seine oder ihre Gefühle oder fühlt sich bei dieser Aktivität und Ihrer Gegenwart einfach wohl.

(42) Helfen Sie dem/der Trauernden, einen Tag nach dem anderen zu leben, und planen Sie besonders die Zeiten des Tages, die schwierig sind (Unterricht/Modelle; Unterstützung durch andere).

Wenn der verwaiste Mensch mit der verstorbenen Person zusammengelebt hat oder von ihr regelmäßig Unterstützung und Gesellschaft bekam, kann das Leben ohne diese Hilfe und Gesellschaft sehr Furcht einflößend oder einsam erscheinen. Helfen Sie dem geistig behinderten Menschen zu verstehen, dass er oder sie sich an manchen Tagen sehr traurig oder ängstlich fühlen wird, während andere Tage gut sind. Helfen Sie ihm oder ihr, Pläne für den Tag oder Stundenpläne aufzuschreiben. Zum Beispiel: Möchte er oder sie arbeiten gehen? Um wie viel Uhr geht er oder sie zur Arbeit los? Wann kommt er oder sie nach Hause zurück? Was kann man nach der Arbeit tun und nach dem Abendbrot? Zeiten des Tages, der Woche oder des Monats, die jemand mit dem Verstorbenen verbrachte, können besonders schwierige Zeiten sein. Helfen Sie ihr oder ihm zu bestimmen, wie solche Zeiten am besten verbracht werden können. Möchte er oder sie allein gelassen werden, um zu trauern, oder wäre es hilfreich, etwas vorzuhaben: woanders hingehen, mit jemandem zusammen sein, etwas Neues ausprobieren?

(43) Schlagen Sie dem geistig behinderten Menschen vor, eine Grußkarte zu entwerfen (Kreativität).

Zu vielerlei Anlässen schicken oder erhalten Menschen Grußkarten. Viele empfangen durch diese Karten Trost, Unterstützung und Freundschaft. Eine Karte für sich selbst zu schreiben, setzt den Menschen mit geistiger Behinderung in die Lage, etwas zu haben, das exakt auf seine oder ihre Bedürfnisse abgestimmt ist, denn er oder sie stellt sie selbst her. Eine Vielzahl von Materialien, Farben, Bildern und Mustern, die der behinderte Mensch angenehm und wohltuend empfindet, können verwendet werden. Ermutigen Sie den Menschen mit geistiger Behinderung, darauf zu schreiben, was er oder sie gern hören würde. Die Karte kann auch für jemand anderes hergestellt werden, auch für den verstorbenen Menschen. Ist Letzteres der Fall, kann die Tätigkeit wie folgt beschrieben werden: „Wenn … diese Karte sehen und lesen könnte, was würdest Du ihm oder ihr in Bildern und Worten sagen?"

(44) Helfen Sie dem trauernden Menschen, eine oder mehrere Kassetten mit Musik für den Verstorbenen aufzunehmen (Musik).

Manche Menschen hatten keine Gelegenheit, sich von dem Verstorbenen zu verabschieden oder von Herzen mit ihm zu sprechen. Musik kann helfen, Gedanken und Gefühle auszudrücken. Musik kann Vorstellungen oder Gefühle ausdrücken, die zu schwierig waren oder immer noch sind, als dass der behinderte Mensch sie aussprechen könnte. Ermutigen Sie den geistig behinderten Menschen, Musik auszuwählen, von der er oder sie möchte, dass die verstorbene Person sie hört.

(45) Helfen Sie dem Menschen mit geistiger Behinderung, eine Musikkassette aufzunehmen, die ihm hilft, besser mit allem fertig zu werden und weiterzuleben (Musik).

Musik kann einen Menschen stärken und ihm helfen zu genesen. Assistieren Sie dem verwaisten behinderten Menschen, Musik zu finden, die er oder sie persönlich ermutigend und aufbauend findet. Schlagen Sie vor, dieses besondere Band während der häuslichen Tätigkeiten zu spielen.

(46) Helfen Sie dem Menschen mit geistiger Behinderung, eine Entspannungskassette mit Instrumentalmusik zusammenzustellen (Musik).

Suchen Sie jemanden, der sich mit Progressiver Muskelentspannung (Wendlandt 1995) auskennt und bereit ist, bei der Aufnahme der Kassette zu helfen (z. B. können Sie Sozialarbeiter, Musiktherapeuten oder Psychologen fragen. Wer Gruppen zum Stressmanagement leitet, ist besonders mit Entspannungstechniken vertraut.) Helfen Sie dem Menschen mit geistiger Behinderung, beruhigende, entspannende Instrumentalmusik auszusuchen. Auf einer Seite der Kassette nehmen Sie Anleitungen für Progressive Muskelentspannung auf, unterlegt mit der ausgewählten Musik als Hintergrund. Auf der zweiten Seite der Kassette nehmen Sie nur die Musik auf. Üben Sie mit dem geistig behinderten Menschen, lehren Sie ihn oder sie, wie man der Kassette zuhört und sich entspannt. Später entscheidet er oder sie sich vielleicht dafür, nur die Musikkassette anzuhören. Die Kassette kann täglich eingesetzt werden, um ihm oder ihr dabei zu helfen, ein Gefühl von Frieden und Ruhe zu entwickeln, oder als Einschlafhilfe.

(47) Finden Sie einen Musiktherapeuten, mit dem der geistig behinderte Mensch arbeiten kann (Musik; Unterstützung durch andere).

Ein Musiktherapeut kann dem geistig behinderten Menschen bei seiner Trauerarbeit durch das Medium Musik helfen. In Kapitel 5 „Professionelle Hilfen" finden Sie Informationen, um Musiktherapeuten in Ihrer Region ausfindig zu machen.

(48) Helfen Sie dem Menschen mit geistiger Behinderung durch ein Gespräch, das auf den folgenden oder ähnlichen Statements aufbaut, mit seinen oder ihren Gefühlen über den Tod vertraut zu werden (Unterstützung durch andere; verbale Hilfen).
- Manchmal wünsche ich mir, dass …
- Wenn ich allein bin …
- Wenn ich etwas ändern könnte, würde ich …
- Am meisten vermisse ich diesen lieben Menschen, weil …
- Ich bin froh, dass …
- Ich blicke in die Zukunft, weil …

(49) Sprechen Sie den verwaisten Menschen in regelmäßigen Abständen auf das Thema Tod an (Unterstützung durch andere; verbale Hilfen).

Im allgemeinen sprechen Menschen nach dem Begräbnis oder der Trauerfeier nicht mehr oft über den Tod und wie sie damit fertig werden. Dennoch können sie wohl eine schwierige Zeit durchleben und Unterstützung durch andere könnte ihnen helfen. Manche Erwachsenen mit geistiger Behinderung scheinen diese kulturelle Norm erkannt zu haben und möchten niemanden aufregen, indem sie das Thema Tod ansprechen. Spricht jemand nicht von sich aus über den Tod, empfiehlt es sich, ihn oder sie in regelmäßigen Abständen auf den Tod und darauf, wie er oder sie damit fertig wird, anzusprechen. Entscheiden Sie die Zeitspanne nach Ihrem Ermessen (z. B. jeden Monat oder jeden zweiten Monat). Eine Möglichkeit, das Thema zu eröffnen, wäre: „Ich habe vor kurzem an … gedacht. Denkst Du manchmal an …? Woran denkst Du dann?" Wenn Sie so vorgehen, können Sie verhindern, dass kompliziertere Trauerreaktionen entstehen. Sie erkennen Probleme frühzeitig und können dem geistig behinderten Menschen bei Bedarf helfen, professionelle Hilfe zu bekommen.

Vorschläge zu Aufgabe 3:
Anpassung an ein Leben, in dem der oder die Verstorbene fehlt

(50) „Fingertanz" zur Kontaktaufnahme (Musik; Unterstützung durch andere).

Als eine Möglichkeit, Kontakt herzustellen, wenn Sie mit einem nichtsprechenden Menschen oder jemandem mit Schwierigkeiten, sich auszudrücken, zu arbeiten beginnen, können Sie den Fingertanz einsetzen. Halten Sie Ihre Hände hoch und bitten Sie den geistig behinderten Menschen, seine oder ihre Hände gegen Ihre zu halten. Bewegen Sie Ihre Hände und Finger, als ob sie tanzen. Sie können z. B. Ihre Finger nach Musik zueinander bewegen. Kleine Bewegungen allein mit den Fingern oder größere Bewegungen, die die Arme einbeziehen, sind möglich. Daumen können ineinander gehakt werden oder Kreise drehen. Sie können den Druck Ihrer Hände gegeneinander variieren. Fordern Sie ihn oder sie auf, selbst Handbewegungen zu initiieren. Zu diesem Tanz können Sie Musik spielen.

Abb. 7: Eine trauernde Frau und ihre verstorbene Schwester
– die jetzt ein Engel ist – und das, was der Trauernden am meisten hilft: ihre Kirche

(51) Fördern Sie Tanzen als Ausdruck von Gefühl (Musik; körperliche Tätigkeit).

Diese Aktivitäten können besonders für nichtsprechende Menschen oder Menschen mit schwerer kognitiver Einschränkung hilfreich sein. Sie könnten kurz über die verstorbene Person sprechen und dann unterschiedliche Formen von Musik spielen und den verwaisten Menschen auffordern, nach seinen oder ihren Gefühlen zu dieser Musik zu tanzen.

(52) Vergrößern Sie ein bedeutsames Foto und rahmen Sie es ein (Kreativität; Rituale/Traditionen).

Ein 48-jähriger Mann mit geistiger Behinderung berichtete, dass er Trost darin fand, eine Fotografie seiner Herkunftsfamilie so in seinem Schlafzimmer zu platzieren, dass er sie sehen konnte, wenn er morgens aufwachte, und wieder als letztes am Abend. Seine beiden Eltern waren gestorben und er sprach von ihnen oft als: „Meine liebe, süße Mutter und Papa." Er nahm das Foto gerne mit, um es neuen Mitarbeitern und anderen Menschen, mit denen er bei Gelegenheit zu tun hatte, zu zeigen. Das Foto schien als optische Erinnerung zu dienen, dass er das Mitglied einer liebevollen Familie war, obwohl seine Eltern nicht mehr lebten und seine Geschwister nicht oft in der Lage waren, bei ihm zu sein.

(53) Helfen Sie dem geistig behinderten Menschen, jemanden zu finden, der sich nun um ihn kümmert (Unterstützung durch andere).

Diese Liste kann Familienmitglieder, Freunde und Mitarbeiter enthalten, an die er oder sie sich an schwierigen Tagen um Hilfe oder Unterstützung wenden kann. Unter Umständen ist es hilfreich, die Liste zu visualisieren. Es kann ein Blatt Papier sein, auf dem die Helfer und ihre Telefonnummern aufgelistet sind. Es kann ein Diagramm sein, in dem der trauernde Mensch in der Mitte des Bogens abgebildet ist und die Namen der Menschen, an die er oder sie sich um Hilfe wenden kann, darum herum mit Verbindungslinien zur Mitte. Oder es kann eine Tafel sein mit den Fotos der Menschen, die sich um den Hinterbliebenen kümmern.

Zusätzlich kann es hilfreich sein, die Art der Unterstützung durch die Personen auf dieser Liste zu kennzeichnen. Fragen Sie den geistig behinderten Menschen z. B., mit welchen Personen er oder sie in Momenten der Trauer sprechen könnte, welche Personen eine Einladung zu einer Freizeitaktivität annehmen würden oder wer mit ihm oder ihr in die Kirche gehen könnte.

(54) Helfen Sie dem behinderten Menschen, sich einer Gruppe für Trauernde anzuschließen (Unterstützung durch andere).

Wenn der geistig behinderte Mensch sprechen kann, gern in einer Gruppe ist und im Allgemeinen zuhört, wenn' andere sprechen, ohne sie wiederholt zu unterbrechen, kann eine allgemeine Trauergruppe für ihn oder sie von Nutzen sein, und er oder sie kann darin mitwirken. Sie können lokale Hilfegruppen in Ihrer Region über Hospizorganisationen, Bestattungsunternehmen, die Kirchen oder im lokalen Veranstaltungskalender finden.

Der geistig behinderte Mensch wird sich möglicherweise wohler fühlen, wenn Sie mit in die Gruppe gehen. Sie hätten dadurch den Vorteil, zu wissen, was er oder sie in der Gruppe erlebt hat, wenn Sie weiterhin Unterstützung bieten. Einmal in der Gruppe, können viele Menschen mit geistiger Behinderung teilnehmen wie jedes andere (nichtbehinderte) Mitglied, ohne zusätzliche Unterstützung durch Betreuer. Mehrere Leiter von Trauergruppen berichteten, dass Erwachsene mit geistiger Behinderung für die Gruppen hilfreich waren. Ihr aufrichtiger Ausdruck von Gefühlen und ihre Fragen können für andere Gruppenmitglieder, die genauso empfanden, aber zu zurückhaltend waren, um sich zu öffnen, das Eis brechen.

(55) Helfen Sie dem/der Hinterbliebenen, einen Gegenstand zu bekommen, der dem Verstorbenen gehörte (Rituale/Traditionen).

Gestatten Sie dem/der Hinterbliebenen, einen Gegenstand auszusuchen, der für ihn oder sie von Bedeutung ist. Mehrere Erwachsene mit geistiger Behinderung berichteten, dass sie wünschten, etwas zu haben, das zuvor dem Verstorbenen gehörte. In jeder dieser Situationen äußerte die Person sehr klar, was ihm oder ihr wichtig war.

- Eine 61-jährige Frau, sie war das einzige Kind, wünschte sich einen Ring ihrer Mutter.
- Ein 48 Jahre alter Mann empfand es als tröstend, in dem Sessel zu sitzen, der der Lieblingssessel seines Großvaters, seines wichtigsten Betreuers, gewesen war.
- Eine 31-jährige Frau wünschte sich als Erinnerung einige der Kinderbücher und Spielsachen, die im Haus ihrer Großeltern für die zu Besuch kommenden Enkelkinder aufgehoben wurden. Sie konnte lebhaft Details vom Spiel mit diesen Spielsachen beschreiben, wenn sie als Kind ihre Großeltern besuchte. Etwas davon zu behalten, bedeutete ihr sehr viel.

(56) Ermöglichen Sie dem trauernden Menschen, ein Album für Grußkarten anzulegen (Kreativität).

Der geistig behinderte Mensch kann für diesen Zweck ein Album kaufen oder selbst eines aus verschiedenen Bastelmaterialien anfertigen. In das Album können Grußkarten oder Kondolenzbriefe, die die Familie erhielt, eingeklebt werden.

(57) Helfen Sie dem behinderten Menschen, Freunde zu finden, die ihn oder sie unterstützen (Unterricht/Modelle; Unterstützung durch andere).

Finden Sie einen oder mehrere Menschen mit geistiger Behinderung, die auch den Tod eines nahe stehenden Menschen erlitten haben. Sie können sie auch in Einrichtungen anderer Träger als dem ihrer eigenen Einrichtung oder in Werkstätten für Behinderte finden. Arrangieren Sie für den Menschen, den Sie betreuen, ein Treffen mit diesen Personen. Besprechen Sie mit ihnen die Idee, füreinander Partner zu sein, die sich gegenseitig helfen, wenn sie traurig, wütend oder einsam sind. Besprechen Sie auch, welche Art von Hilfe sie einander geben können, sei es telefonisch oder bei persönlichen Treffen:

- Zuhören, wenn der oder die andere über den verstorbenen Menschen, über seine oder ihre Stimmung sprechen möchte;
- Anregungen geben, was man tun kann;
- über eigene Erfahrungen sprechen und sagen, was an schlechten Tagen helfen kann.

Nach einem oder zwei Treffen können diese Partner in der Lage sein, einander selbstständig zu treffen, ohne dass jemand anderes diesen Prozess unterstützt.

(58) Gemeinsam Fotoalben ansehen (Unterstützung durch andere).

Dies dient der Erinnerung an gemeinsame Erlebnisse mit dem Verstorbenen. Vielleicht brauchen Sie Kopien der beliebtesten Bilder. Der verwaiste behinderte Mensch kann diese in seiner oder ihrer Brieftasche oder dem Portemonnaie mitnehmen, nachts unter das Kopfkissen legen, in ein Erinnerungsalbum einkleben oder für ein neues Fotoalbum mit dem Titel „Erinnerung an Mama (Papa bzw. der Name des Verstorbenen)" verwenden.

(59) Helfen Sie dem behinderten Menschen, Fahrgelegenheiten zum Friedhof zu bekommen, wenn er oder sie dort einen Besuch machen möchte (Unterstützung durch andere).

Manchen Menschen hilft es in ihrer Trauer oder in ihrem Anspruch, den Verstorbenen zu ehren, wenn sie in der Lage sind, das Grab gelegentlich oder regelmäßig zu besuchen. Der hinterbliebene Mensch wünscht vielleicht, an Feiertagen (z. B. Totensonntag) oder anderen besonderen Tagen wie dem Geburtstag der verstorbenen Person, dem Tag, an dem der geliebte Mensch starb, zu Muttertag oder Vatertag selbst gepflückte oder selbst ausgewählte Blumen auf das Grab zu legen.

(60) Planen Sie regelmäßig ein Essen zur Erinnerung (Rituale/ Traditionen; Unterstützung durch andere; verbale Hilfen).

Anfangs bestimmen Sie einen Tag pro Monat, an dem die Essenszeit der Erinnerung an die verstorbene Person gewidmet wird. Das Datum kann z. B. der erste oder der letzte Tag des Monats sein oder das Geburtsdatum des geliebten Menschen (etwa der 26. jedes Monats). Bereiten Sie ein besonderes Essen zu und erinnern Sie an die verstorbene Person. Mit der Zeit können Sie die Häufigkeit dieser Gedächtnisessen auf eins oder zwei pro Jahr verringern (z. B. den Geburtstag des geliebten Menschen und den Todestag). Dieses rituelle Essen trägt dazu bei, den trauernden Menschen zu versichern, dass die geliebte

Person nicht vergessen wird. Vielleicht können Sie eines der anderen hier beschriebenen Rituale am Ende der Mahlzeit mit einbeziehen. Auch ein besonderes Gebet kann gesprochen werden. Besonders geeignet ist das Gebet der Erinnerung (S. 73).

(61) Zünden Sie an Jahrestagen Kerzen zur Erinnerung an den verstorbenen geliebten Menschen an (Rituale/Traditionen).

Viele Menschen empfinden Jahrestage als schwierig. Solche Daten können der Geburtstag des geliebten Menschen oder der Todestag sein. Manchmal ist sich der/die Hinterbliebene nicht bewusst, dass ein Jahrestag ansteht, und zeigt doch seinen Schmerz durch Gefühle oder Verhalten.

In einer Wohnstätte für Frauen mit geistiger Behinderung in Madison, Wisconsin, erkannte man, dass Jahrestage für die Hinterbliebenen schwierig sind, und hilft den Frauen mit Erinnerungen an den geliebten Menschen, diesen Tag durchzustehen. Man hat den Frauen vorgeschlagen, an Tagen, die sie als Jahrestage ansehen, eine Kerze zum Essen mitzubringen. Während des Essens wird diese Kerze zur Erinnerung an die verstorbene Person angezündet. Möglicherweise wird auch über Erinnerungen an den Verstorbenen gesprochen. Alle Mitbewohnerinnen dieser Wohnstätte wissen, dass diejenige, die am Abend eine Kerze anzünden will, tagsüber traurig, wütend oder durcheinander sein kann. Die Kerze hilft, das Gedenken an die verstorbene Person zu symbolisieren, und sie ist ein Zeichen für die anderen dort Wohnenden, dass die Trauernde an diesem Tag womöglich zusätzliche emotionale Unterstützung braucht.

(62) Legen Sie ein Erinnerungsbuch an (Kreativität).

Helfen Sie dem trauernden Menschen, ein Erinnerungsbuch über den Verstorbenen anzulegen. Die Inhalte werden sich je nach Individuum unterscheiden. Folgendes können Sie in Betracht ziehen:

– Ein Bild der verstorbenen Person;
– eine Kopie der Todesanzeige;
– eine Kopie der Trauerkarte;
– eine Liste der Dinge, die die verstorbene Person am liebsten mochte (Lieblingsfarbe, Aktivitäten, Essen, Orte);

- eine Liste der Dinge, die der Hinterbliebene am liebsten mit dem Verstorbenen tat;
- eine Liste der Dinge, die der Hinterbliebene vermissen wird;
- eine Liste der Dinge, die der Hinterbliebene in Bezug auf den Verstorbenen nicht vermissen wird (um eine realistische, ausgewogene Perspektive auf den Verstorbenen zu fördern, ist es gut, sowohl positive wie negative Seiten einzubeziehen);
- einen „Brief" des hinterbliebenen behinderten Menschen, in dem er der verstorbenen Person sagen kann, was sie wissen sollte;
- ein „Brief" der verstorbenen Person (Sie können z. B. anregen: „Wenn ... leben würde, was würde er oder sie Dir in einem Brief schreiben? Was glaubst Du, was er oder sie Dir sagen möchte? Was möchtest Du von ihm oder ihr hören?").

Das Gedenkbuch wird dem geistig behinderten Menschen sowohl in der Zeit helfen, in der es hergestellt wird, wie auch in Zukunft. An Tagen, an denen der behinderte Mensch sich traurig, einsam und verletzt fühlt, kann er oder sie es durchblättern, es mit sich nehmen oder etwas hinzufügen.

(63) Helfen Sie dem trauernden Menschen, ein Tagebuch zu führen (Unterricht/Modelle; Kreativität).

Allgemein gibt es viele Menschen, die ein Tagebuch führen und das hilfreich finden. Das Tagebuch kann benutzt werden, um Ereignisse zu notieren, Gefühle oder Träume für die Zukunft. In Wisconsin half die Mitarbeiterin einer Wohnstätte einer 30 Jahre alten Frau mit geistiger Behinderung durch das Führen eines Tagebuchs, Sterben und Tod ihres Vaters zu begreifen und schließlich damit fertig zu werden. Die Mitarbeiterin übernahm das Schreiben und verwendete dazu soweit wie möglich die Worte der Frau. Sie begannen das Tagebuch mit folgenden Worten: „Dieses Tagebuch soll mir helfen, einen Verlust in meinem Leben zu verstehen und zu akzeptieren, damit zu leben, selbst zu überleben und mein Leben fortzuführen." Sie notierten Tatsachen (z. B.: Vater sieht heute schlechter aus) und Gefühle (z. B.: Ich habe Angst, ich möchte ihn nicht verlieren). Sie besprachen die Namen der Menschen in ihrem Leben, an die sie sich um Hilfe wenden könnte, und notierten sie, ebenso, welche

Fähigkeiten sie erworben hatte und wie unabhängig sie geworden war, sowie Ereignisse, auf die man sich im kommenden Jahr freuen könnte. Das Tagebuch war etwas Greifbares, das die Frau in die Hand nehmen, lesen und behalten konnte.

(64) Helfen Sie dem trauernden Menschen) eine Musikkassette mit Liedern) die er oder sie gemeinsam mit dem Verstorbenen genossen hatte) zu kaufen oder zusammenzustellen (Musik).

Das können z. B. Schlaflieder sein, die der Verstorbene für den behinderten Menschen gesungen hatte, als er oder sie ein Kind war, oder Lieblingslieder der beiden.

(65) Helfen Sie dem geistig behinderten Menschen) eine Videokassette mit Aufnahmen von zu Hause zur Erinnerung an den Verstorbenen zusammenzustellen (Kreativität).

Wenn es in der Familie Videokassetten zur Erinnerung an gemeinsame Erlebnisse gibt, helfen Sie dem geistig behinderten Menschen von einigen, die für ihn oder sie besondere Bedeutung haben, Kopien zu bekommen. Oder helfen Sie dabei, ein spezielles Video zur Erinnerung an den verstorbenen Menschen zusammenzustellen, indem Sie Teile mehrerer privater Videos kombinieren. Man kann Videos auch aus einer Anzahl von Fotografien herstellen.

(66) Helfen Sie dem geistig behinderten Menschen bei der Herstellung einer Schachtel für Erinnerungen (Kreativität).

Die Schachtel kann groß oder klein sein; sie kann gekauft sein oder selbst gestaltet werden, indem eine Pappschachtel mit Stoff, Tapete oder Geschenkpapier beklebt wird. Eine Frau mit Down-Syndrom berichtete, dass sie Andenken in einer Dose für Angelgeräte, die einem Familienmitglied gehört hatte, aufbewahrt. Die Schachtel dient zum Aufheben von Erinnerungsstücken an die Beziehung mit dem verstorbenen Menschen. Alles Mögliche kann ein Andenken von Bedeutung für den geistig behinderten Menschen sein: Bilder, Karten und Briefe, ein Kleidungsstück (z. B. ein Lieblingshemd), Schmuck, eine Uhr, ein Lieblingsspiel oder Gegenstände einer Lieblingsbeschäftigung (z. B. Strickhadeln oder Angelköder), eine Kopie der Todesanzeige und Beileidskarten. Die Liste ist unbegrenzt. Manche Menschen empfinden Trost, wenn sie die Erinnerungsschachtel von Zeit zu Zeit durchsehen. Die Gegenstände anzufassen und zu halten ist für sie eine Möglichkeit, sich mit ihren Erinnerungen an die verstorbene Person zu verbinden.

(67) Verwenden Sie als Symbol einen Beutel mit Steinen (Rituale/Traditionen; verbale Hilfen).

Stecken Sie verschiedene kleine Steine in einen Beutel. Nehmen Sie glatte, polierte Steine und einige raue, mit spitzen Kanten. Bitten Sie den Menschen mit geistiger Behinderung, einen Stein aus dem Beutel auszuwählen und danach etwas über seine oder ihre Erinnerungen an die verstorbene Person mitzuteilen. Wiederholen Sie das. Es ist eine Möglichkeit zu demonstrieren, dass Erinnerungen real sind, dass Menschen mehr als nur eine Erinnerung an jemanden haben und dass Menschen möglicherweise mehr als ein Gefühl in Verbindung mit diesen Erinnerungen haben. Vielleicht können Sie im Verlauf dieser Übungen Erinnerungen an glückliche, traurige, dumme und unangenehme Ereignisse finden. Die rauen Steine helfen Menschen herauszufinden, dass es vielleicht einige herbe Erinnerungen gibt und es weh tut, daran zu denken. Sie können auch dazu dienen, dass diese heiklen Erinnerungen, nachdem sie einmal erkannt und die dadurch verursachten Gefühle ausgesprochen sind, durch wärmere Erinnerungen ersetzt werden können (die durch die polierten Steine vertreten werden).

(68) Helfen Sie dem hinterbliebenen Menschen, ein Armband, eine Halskette oder eine Dekoration aus Perlen zur Erinnerung an den verstorbenen Menschen anzufertigen (Kreativität; Unterstützung durch andere).

Helfen Sie als Erstes dem geistig behinderten Menschen, einige Erinnerungen an den Verstorbenen zu formulieren. Fordern Sie ihn oder sie dazu auf, Perlen auszuwählen, die für diese Erinnerung stehen. Er oder sie kann z. B. eine weiße Perle zum Zeichen für jemandes weißes Haar auswählen, eine unebene Perle für jemandes raue Hände oder eine Perle mit einem Symbol darauf, etwa einem Herzen oder einer Initiale. Geschäfte für Hobby- und Bastelbedarf haben eine Vielzahl verschiedener Perlen vorrätig. Die Perlen können zu einem Schmuckstück aufgefädelt werden oder zu einem farbigen Band, das man in der Hand halten oder aufhängen kann. Ermuntern Sie den geistig behinderten Menschen dazu, die Perlen zu tragen oder als Dekoration zu verwenden.

(69) Nehmen Sie eine Sammlung von Muscheln, um den trauernden Menschen zum Gespräch über den Verstorbenen anzuregen (Rituale/Traditionen; verbale Hilfen).

Legen Sie eine Sammlung von Muscheln in eine Schachtel oder einen Korb. Bitten Sie den geistig behinderten Menschen, eine davon auszusuchen, die ihn oder sie irgendwie an die verstorbene Person erinnert. Fragen Sie nach, warum gerade diese eine Muschel ausgesucht wurde. Vielleicht hören Sie dann eine der folgenden Antworten: „Ich habe diese ausgewählt, weil sie zerbrochen ist – wie mein Herz." „Ich habe diese ausgewählt, weil sie groß ist, und mein Papa war groß." Sie haben so eine Möglichkeit, jemanden zum Sprechen über den verstorbenen Menschen zu ermuntern und über die damit verbundenen Erinnerungen und Gefühle.

(70) Legen Sie eine Sammlung an, die einen Bezug zu dem Verstorbenen hat, und verwenden Sie diese Sammlung als Möglichkeit, sich zu erinnern (Kreativität).

Die Sammlung soll die (den) Hinterbliebene(n) an den verstorbenen Menschen erinnern. Es gibt zahllose Ideen für Sammlungen. Ging der Verstorbene gern angeln, könnte es eine Sammlung von Angelködern sein. Mochte er oder sie gern Sport, sind es Sportandenken. Man könnte eine Rezeptesammlung anlegen. Liebte der oder die Verstorbene Katzen, sammeln Sie Darstellungen von Katzen. Eine Sammlung kann Gegenstände enthalten, die der Verstorbene angefertigt hat, Karten oder Briefe, die er oder sie verschickt hat, oder Geschenke, die von ihm oder ihr stammen. Denkbar ist auch eine Sammlung von Gegenständen aus dem Besitz des Verstorbenen: Eine Uhr, Schmuck, ein Lieblingshemd oder -pullover oder ein gern gelesenes Buch. Vielleicht möchte der geistig behinderte Mensch im Laufe der Zeit Dinge zu seiner Sammlung hinzufügen oder sie in regelmäßigen Abständen ordnen, um so seine Erinnerungen wachzuhalten.

(71) Reservieren Sie Zeiten, um mit dem verwaisten Menschen über sein oder ihr vergangenes Leben zu sprechen und es mit dem gegenwärtigen Leben zu vergleichen oder gegenüberzustellen (Unterstützung durch andere; verbale Hilfen).

Sie helfen dem behinderten Menschen, sich an das veränderte Leben anzupassen, wenn Sie einige Zeit darauf verwenden, mit ihm oder ihr über Aspekte des Lebens vor dem Todesfall und wie es nun ist zu sprechen oder etwas darüber aufzuschreiben. Beachten Sie die Veränderungen, die sich dadurch ergaben. Sprechen Sie über die Gefühle, die diese Veränderungen auslösen. Regen Sie ihn oder sie dazu an, über verschiedene Arten von Veränderungen zu sprechen – positive, negative und neutrale.

(72) Helfen Sie dem geistig behinderten Menschen, eine Musikkassette als „Sammelalbum" musikalischer Erinnerungen zusammenzustellen (Musik).

Ein gewöhnliches Album enthält Andenken, Karten, Briefe und Bilder, die einen Menschen an für ihn wichtige Ereignisse erinnern. Eine Musikkassette als „musikalisches Album" könnte Stücke enthalten, die während schöner Begebenheiten des Zusammenseins mit dem Verstorbenen gespielt worden sind. Sie kann z. B. Begleitmusik von Sportereignissen enthalten, Musik vom Zirkus oder aus einem Musical. Eine solche Kassette hilft dem geistig behinderten Menschen, sich an die glücklichen Zeiten zu erinnern, die er oder sie zusammen mit dem Verstorbenen verbracht hat.

(73) Helfen Sie dem Menschen mit geistiger Behinderung, ein Lied zu schreiben (Musik).

Ein Musik liebender behinderter Mensch könnte Lust haben, zusammen mit jemandem, der gleichfalls musikinteressiert ist, ein Lied zu schreiben oder einen Musiktitel zu bearbeiten. Ein Klavier oder ein computergesteuertes Musikprogramm können verwendet werden, um die Noten dafür aufzuschreiben. (Damit kann der Helfer z. B. herausfinden, ob er oder sie möchte, dass die Melodie auf- oder absteigt, und das an dem Instrument demonstrieren.) Sie können den Text dazu aufschreiben. Vielleicht möchte der geistig behinderte Mensch selbst das fertige Lied spielen und es anderen vorspielen oder vorsingen.

(74) Versehen Sie bekannte Lieder mit neuem Text (Musik).
Ein verwaister Mensch mit geistiger Behinderung könnte Lust haben, einen neuen Text zu einer bekannten Melodie schreiben, die seine oder ihre Gefühle oder Gedanken in Bezug auf den Tod und das Leben jetzt ausdrückt. Eine Möglichkeit, dem geistig behinderten Menschen dabei zu helfen, besteht darin, Lieder mit einem Refrain auszusuchen und ihn oder sie Passagen davon mit neuem Text ausfüllen zu lassen. Zum Beispiel kann das Musikstück „Sometimes I feel like a motherless child" in eine Formulierung verändert werden, die ausdrückt, wie der geistig behinderte Mensch sich fühlt: „Manchmal fühle ich mich zu müde, etwas zu tun." „Manchmal fühle ich mich gleichzeitig froh und traurig."

(75) Helfen Sie dem geistig behinderten Menschen, eine Musik-CD oder -kassette für eine bestimmte Stimmung zu besorgen (Musik).
Finden Sie heraus, ob der trauernde Mensch Instrumentalmusik oder Gesang bevorzugt. Fragen Sie, was er oder sie von dieser Musik erwartet. Soll es z. B. eine sanfte, ruhige Musik sein, um sich beruhigt zu fühlen, oder lebhafte Musik, um der Trauer für einige Zeit zu entrinnen? Schlagen Sie dem geistig behinderten Menschen vor, Musikrichtungen für verschiedene Anlässe zu bedenken. Musik zum Trauern, zum Besänftigen oder um den verstorbenen Menschen zu ehren.

(76) Helfen Sie dem Menschen mit geistiger Behinderung, Geld zum Gedenken an den Verstorbenen beizusteuern (Rituale/Traditionen).
Helfen Sie dem geistig behinderten Menschen, bei der Trauerfeier erhaltene Gelder für eine Organisation, die dem Verstorbenen wichtig war, einzusetzen. Empfänger solcher Spenden können Musikorganisationen, Schulen, Umweltorganisationen, Bürgervereine, Seniorenorganisationen, Kirchen oder Synagogen sein. Sorgen Sie dafür, dass der geistig behinderte Mensch ein Exemplar des Programms oder des Berichts, in dem die Schenkung gewürdigt wird, erhält. Geht die Spende zugunsten einer Kunstgruppe, die öffentlich auftritt, könnte der geistig behinderte Mensch Interesse haben, diesen Auftritt anzusehen.

(77) Helfen Sie dem geistig behinderten Menschen, einer Trommelgruppe beizutreten oder eine zu gründen (Musik; Unterstützung durch andere).
Immer mehr Menschen finden Entspannung in Trommel-Workshops. Es gibt Selbsthilfegruppen, in denen Trommeln als Möglichkeit verwendet werden, innere Gefühle auszudrücken (z. B. durch verschiedene Trommeln, Trommelstöcke, Rhythmen oder Lautstärke.) Wenden Sie sich an Musiktherapeuten oder Psychotherapeuten, um Informationen über Trommelgruppen in Ihrer Region zu finden.

(78) Helfen Sie dem trauernden Menschen dabei, ein Motiv für ein T-Shirt zu gestalten, das ihm oder ihr hilft, sich an den verstorbenen Menschen zu erinnern (Kreativität; Rituale/Traditionen).
Folgende Materialien können verwendet werden: Stoff, Stofffarbe, Stoffkreiden, wasserfeste Faserstifte. Stoff- und Bastelläden halten Materialien und Gestaltungsvorschläge bereit. Trauernde Menschen mit geistiger Behinderung wählen oft Motive vertrauter oder besonders geliebter Erinnerungen, die sie mit dem verstorbenen Menschen teilten.

(79) Besorgen Sie Blumen für einen Gedenkgottesdienst (Spiritualität/Religion; Rituale/Traditionen).
Viele Kirchen sind dankbar für kleine Geldgaben für den Blumenschmuck der täglichen Gottesdienste und für besondere Pflanzen oder Blumen an Feiertagen. Vielleicht möchte der trauernde behinderte Mensch Geld beisteuern, damit Blumen zum Andenken an den Verstorbenen besorgt werden können. Der Geburtstag des Verstorbenen und Feiertage eignen sich dafür besonders.

(80) Besorgen Sie ein Video zum Thema „Überwindung des Verlusts eines geliebten Menschen" und sehen Sie es sich gemeinsam mit dem trauernden geistig behinderten Menschen an (Unterricht/Modelle; Unterstützung durch andere).
Es gibt eine Reihe von Videos, die für trauernde Menschen gemacht wurden. Die beste Quelle, Informationen über Videos in diesem Zusammenhang zu erhalten, sind Hospize. Bei der Bun-

desvereinigung Lebenshilfe für Menschen mit geistiger Behinderung e.V. in Marburg können Sie auch einen Mitschnitt des französischen Films „Ponette" ausleihen; darin wird die Trauer eines Mädchens über den Tod ihrer Mutter sehr einfühlsam und anrührend dargestellt.

Nach dem Betrachten des Videos sollten Sie mit dem behinderten Menschen sprechen, um herauszufinden, wie er oder sie sich fühlt, und um zu klären, ob es Missverständnisse gibt.

(81) Besorgen Sie einen Film, der darstellt, wie andere Menschen mit einem Verlust fertig werden, und sehen Sie ihn gemeinsam mit dem geistig behinderten Menschen an (Unterricht/ Modelle; Unterstützung durch andere).

Besorgen Sie sich in einer Videothek einen Katalog über Filme im Videoformat, um Filme zu finden, die etwas mit der Genesung nach einem Verlust zu tun haben. Helfen Sie dem behinderten Menschen, einen Film auszusuchen und sehen Sie ihn gemeinsam mit ihr oder ihm an. Danach wäre es gut, den Film zu besprechen, um herauszufinden, wie er bzw. sie sich fühlt, und um zu klären, ob es Missverständnisse gibt. Sie können auch darüber sprechen, inwiefern der Film Ähnlichkeit mit dem Verlust des geistig behinderten Menschen hatte und inwiefern nicht. Das kann dem verwaisten Menschen helfen zu verstehen, dass Verlust zum Leben jedes Menschen gehört, und er oder sie kann Versuche anderer Menschen sehen, mit dem Tod geliebter Personen fertig zu werden.

(82) Ermutigen Sie zum Erzählen von Geschichten über den Verstorbenen (Unterstützung durch andere; verbale Hilfen).

Fordern Sie den verwaisten Menschen mit geistiger Behinderung auf, Ereignisse aus der Vergangenheit, die gemeinsam mit dem Verstorbenen erlebt wurden, zu erzählen. Wenn Sie den Verstorbenen kannten, teilen Sie auch Ihre Geschichten mit. Versuchen Sie, andere, die den Verstorbenen ebenfalls kannten, z. B. Geschwister, Tanten und Onkel, nahe Freunde) in den Prozess des Geschichtenerzählens einzubeziehen. Jedes Ereignis der Vergangenheit kann Inhalt der Geschichten sein. Anekdoten aus der Kindheit, spätere Jahre, Ferien, besondere Ereignisse, gewohnte tägliche Aktivitäten, witzige Geschichten, traurige Geschichten, frohe Geschichten, Ereignisse im Zusammenhang mit der Krankheit oder dem Unfall und auch der Tod selbst. Das Geschichtenerzählen hilft dem/der Hinterbliebenen, den Verlust zu benennen, Hilfe durch andere wahrzunehmen, Beziehungen zu anderen aufzubauen und mehr über den Verstorbenen zu wissen oder die eigene Beziehung zu dem verstorbenen Menschen zu beschreiben (Rosenblatt/Elde 1990).

(83) Stellen Sie gezielte Fragen, um dem verwaisten behinderten Menschen zu helfen, sich an die verstorbene Person zu erinnern (Unterstützung durch andere; verbale Hilfen).

Wenn jemand Schwierigkeiten hat, sich an die verstorbene Person zu erinnern, können Sie, um zu helfen, gezielte Fragen stellen. Wenn Sie die verstorbene Person ebenfalls kannten, können Sie Geschichten über sie beisteuern und dann den geistig behinderten Menschen fragen, ob er oder sie andere Erinnerungen erzählen kann. Folgende Themen können Sie dabei berücksichtigen:

- Eine glückliche Situation, die Sie mit dem verstorbenen Menschen erlebten;
- eine lustige Begebenheit;
- was Sie an dem verstorbenen Menschen am meisten schätzten;
- was Sie nach dem Todesfall am meisten vermissen;
- was Sie an dem Verstorbenen nicht mochten (es ist wichtig, sowohl positive als auch negative Züge des verstorbenen Menschen zu erwähnen, um eine realistische, ausgewogene Perspektive zu erzielen).

(84) Helfen Sie dem trauernden Menschen, in die Kirche zu gehen, wenn er oder sie das möchte (Spiritualität/Religion).

Traditionell haben kirchliche Organisationen Menschen in Zeiten der Sorge Unterstützung und Trost geboten. Nach dem Tod einer nahe stehenden Person kann ein Mensch wünschen, (wieder) zur Kirche zu gehen. Vor allem kann der hinterbliebene Mensch wünschen, dass jemand ihn oder sie zum Gottesdienst begleitet. Machen Sie sich bewusst, dass schmerzliche Gebete, Musik oder Worte einen Menschen während des Gottesdienstes zu unerwarteten Emotionsausbrüchen veranlassen können (z. B.

zum Weinen). Manche Menschen möchten auch wegen des Trosts und der Hilfe, die sie dort empfinden, weiterhin zur Kirche gehen. Andere möchten solche Situationen vielleicht vermeiden, weil sie ihre Emotionen nicht in der Öffentlichkeit zeigen wollen. Gestatten Sie dem verwaisten Menschen, selbst zu wählen, was am besten hilft.

(85) Planen Sie eine jährliche Gedenkfeier und nehmen Sie daran teil (Rituale/Traditionen).

Sie müssen damit rechnen, dass die Trauer eines Menschen am Todestag des Verstorbenen wiederauflebt. Viele Menschen finden es hilfreich, dass die Beschäftigung mit einer Tradition oder einem Ritual ihnen konkret etwas zu tun gibt und eine Gelegenheit schafft, sich an den geliebten Menschen zu erinnern.

Einige Religionen und einige kulturelle Gruppierungen kennen Jahrestage mit Zeremonien oder Ritualen im Jahr nach dem Todesfall (Irish u.a. 1993; Weizman/Kamm 1985).

Katholiken können z. B. für den Verstorbenen eine Messe lesen lassen. Familien können Blumen ans Grab bringen und dort beten. Eine besondere Kerze kann in der Kirche angezündet werden. In jüdischen Familien wird vielleicht zu Hause eine Kerze angezündet. Ein Gebet der Erinnerung kann in der Kirche vorgetragen werden, und der Name des verstorbenen Menschen kann genannt werden.

Ein jährliches Ritual kann unabhängig von den religiösen oder kulturellen Traditionen des verwaisten Menschen mit geistiger Behinderung abgehalten werden. Dabei können ganz verschiedene Handlungen zum Gedenken an den verstorbenen Menschen ausgeführt werden: Für manche mag es das Richtige sein, eine Andacht zum Gedenken an den Verstorbenen abzuhalten. Andere sehen vielleicht Fotos an und verbringen die Zeit mit der Familie und mit Freunden. Man trifft sich womöglich zu einem besonderen Essen (zu dem z. B. Lieblingsspeisen des verstorbenen Menschen gehören). Der Tisch erhält einen besonderen Blumenschmuck. Vielleicht möchte sich der hinterbliebene geistig behinderte Mensch mit einem Lieblingshobby oder Zeitvertreib beschäftigen, wie er oder sie es mit dem Verstorbenen tat. Vielleicht möchte er oder sie an einen bevorzugten Ort gehen, wo er oder sie gern mit dem Verstorbenen war, etwa einen Park, ein Kaufhaus, ein Stadion. Soweit wie möglich sollte der Mensch mit geistiger Behinderung aktiv mitbestimmen, wie am besten des Verstorbenen gedacht werden kann.

(86) Verwenden Sie eine Zeitskala, um dem Menschen mit geistiger Behinderung zu helfen, ihr oder sein eigenes Leben und die Fähigkeiten, mit Herausforderungen in der Vergangenheit fertig geworden zu sein, in den Blick zu bekommen (Kreativität; Unterstützung durch andere; verbale Hilfen).

Jewett (1982, S. 100 ff.) hat beschrieben, wie Zeitskalen verwendet werden können. Sie setzte sich mit der starken Wirkung auseinander, die eine solche Technik haben kann, weil vielfältige Möglichkeiten verwendet werden können, d. h., sie kann dazu verhelfen, dass Menschen ihr Leben sehen, etwas von ihrem Leben hören und nachvollziehen, wie sie sich zu verschiedenen Zeiten ihres Lebens fühlten (siehe auch Ryan/Walker 2004).

Es kann hilfreich sein, das Leben eines Menschen mit Hilfe einer Zeitskala Revue passieren zu lassen, wenn Ereignisse wie ein Todesfall eintreten und Verwirrung stiften. Man kann das auf unterschiedliche Weise tun. Man kann eine Linie auf einen großen Streifen Makulaturpapier zeichnen oder ein Band in einem Raum aufhängen. Wörter und Bilder können an der Zeitskala befestigt werden, so dass ein Bild des Lebens dieses Menschen entsteht. Markierungen auf der Zeitskala sind die besonderen Ereignisse im Leben eines Menschen: Geburt, Ortswechsel, das Ende der Schulzeit, Beginn und Ende von Jobs, Todesfälle und das Auftreten neuer Bekannter im Leben des Menschen. Solche Informationen können auf die Zeitskala geschrieben oder angeheftet werden. Fotografien, Bilder aus Zeitschriften, selbst gemalte Bilder, Zeitungsausschnitte oder das Programm des Trauergottesdienstes, alles das kann verwendet werden.

Während der Herstellung der Zeitskala bespricht der Betreuer folgende Punkte mit dem trauernden geistig behinderten Menschen: Das Ereignis, die daran beteiligten Personen und die Gefühle im Zusammenhang mit diesem Ereignis. Sie können z. B. sagen: „Als Du geboren wurdest, waren Deine Eltern sehr glücklich. Vielleicht waren sie auch ein bisschen ängstlich, weil sie noch niemals vorher mit einem so winzigen Baby zu tun hatten." Sie sollten ihn oder sie dazu ermutigen, seine oder ihre Geschichte zu erzählen und die Gefühle im Hinblick auf die unterschiedlichen Ereignisse mitzuteilen. Zum Beispiel: „Erinnerst Du Dich, wie Du Dich gefühlt hast, als Du in Deinem neuen Job angefangen hast?" „Wie hast Du Dich im letzten Jahr bei der Beerdigung gefühlt?" Möglicherweise werden Sie die Zeitskala mehr als einmal gemeinsam mit ihm oder ihr betrachten.

(87) Helfen Sie dem verwaisten Menschen, unabhängiger zu werden, konzentrieren Sie sich auf seine oder ihre Kompetenzen und Fähigkeiten (Unterricht/Modelle; Unterstützung durch andere).

Wahrscheinlich hat der geistig behinderte Mensch mehr Fähigkeiten, als bisher aus seinem Tun ersichtlich. Das kann vor allem dann zutreffen, wenn dieser Mensch bis dahin bei den Eltern gelebt hatte und diese sich schlicht um alle Alltagstätigkeiten wie Wäsche waschen, einkaufen und Rasen mähen gekümmert hatten. Hatte er oder sie zusammen mit dem Verstorbenen gelebt, ist jetzt eine ideale Zeit, ihn oder sie neue Fertigkeiten zu lehren. Dabei ist häufiges Lob hilfreich. Auf diese Weise wird der trauernde Mensch nicht nur einen Verlust erleben, sondern eine neue Quelle für Selbstbestätigung gewinnen. Bedenken Sie jedoch, dass nicht erwartet werden kann, dass neue Fertigkeiten, insbesondere solche, die vielschichtig sind, sofort erlernt werden. Das gilt vor allem dann, wenn der trauernde Mensch in der Anfangsphase seiner Trauer Unterstützung braucht und nur eingeschränkte Fähigkeiten hat, sich zu konzentrieren.

(88) Prüfen Sie, wie sich der/die Trauernde neun bis zwölf Monate nach dem Todesfall fühlt, und noch einmal nach achtzehn Monaten (Unterstützung durch andere).

Denken Sie nicht, keine Neuigkeiten seien gute Neuigkeiten. Wenn Sie nicht hören, dass er oder sie über den Verstorbenen spricht, heißt das nicht notwendigerweise, dass er oder sie sich von dem Verlust erholt hat. Ergreifen Sie die Initiative, danach zu fragen, und beobachten Sie sein oder ihr Verhalten, um herauszufinden, ob dieser Mensch weitere oder zusätzliche Unterstützung braucht.

Vorschläge zu Aufgabe 4:
Emotionale Energie zurücknehmen und in Neues investieren

(89) Pflanzen Sie zum Gedenken an den Verstorbenen einen Baum oder ein anderes Gewächs (Natur/im Freien; Rituale/Traditionen).

Erklären Sie dem verwaisten Menschen den Zweck eines Andenkens, d. h., dass ein Andenken etwas ist, das wir herstellen, um uns an einen Verstorbenen zu erinnern. Helfen Sie dem geistig behinderten Menschen, einen Baum oder eine andere Pflanze auszusuchen, sie einzupflanzen und zu pflegen. Die Pflanze kann im Haus oder im Freien platziert werden, aber es sollte ein Ort sein, zu dem er oder sie Zugang hat. Ermutigen Sie den Hinterbliebenen, die Pflanze auszusuchen und, so gut er oder sie kann, zu versorgen.

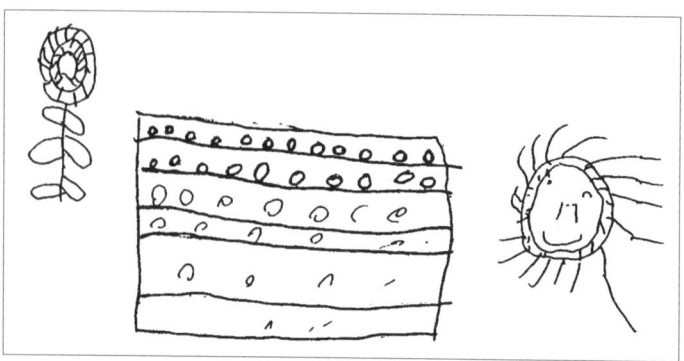

Abb. 8: Dinge, die dem Zeichner geholfen haben, sich nach dem Tod eines geliebten Menschen besser zu fühlen: Blumen, Gartenarbeit, die Sonne.

(90) Fördern Sie das Zusammensein mit anderen Betroffenen, um über den Tod zu sprechen (Unterstützung durch andere; verbale Hilfen).

Dazu die folgende Geschichte aus Michigan: Mitarbeiter halfen einigen älteren Menschen mit geistiger Behinderung, eine Gruppe oder einen Club zu gründen, um sich regelmäßig zu treffen. Zweck dieser Gruppe war einerseits, einen Anlass für soziale Begegnungen zwischen Menschen in ähnlichen Lebenssituationen zu schaffen, und andererseits, eine Gelegenheit zu haben, um über Aspekte des Älterwerdens, z. B. Rente, zu sprechen. Zur Überraschung der Mitarbeiter war der wichtigste Punkt der ersten Sitzung das Thema Tod. Die Teilnehmenden waren insbesondere daran interessiert zu berichten, wie sie den Tod eines ihnen nahe stehenden Menschen erlebt hatten. So schlugen die Mitarbeiter für das zweite Treffen vor, dass jede(r) Fotos verstorbener Familienmitglieder mitbringen sollte, um sie der Gruppe zu zeigen und um über diese Familienmitglieder zu sprechen. Dieses zweite Treffen war besonders erfolgreich. Selbst Menschen mit schwereren Behinderungen und solche, die oft zögerten, sich an Gruppengesprächen zu beteiligen, wurden einbezogen. Die Gruppe traf sich weiter zu ihren ursprünglich vorgesehenen Themen. Die Teilnehmenden bestanden nicht darauf, beim Thema Tod zu verbleiben. Nach Auffassung der Mitarbeiter hatten die verwaisten geistig behinderten Menschen herausgefunden, wer ähnliche Erfahrungen gemacht hatte, und das führte dazu, dass sie diese Personen aufsuchten, um Unterstützung von Gleichbetroffenen zu finden.

(91) Finden Sie Gelegenheiten, in denen der verwaiste behinderte Mensch anderen helfen kann (Unterricht/Modelle; Unterstützung durch andere).

Wenn ein Mensch mit geistiger Behinderung die ersten Phasen der Trauer hinter sich hat, kann die Gelegenheit, anderen zu helfen, ihr oder sein Selbstbewusstsein erhöhen und dazu verhelfen, den Blick mehr auf ihre oder seine Fähigkeiten als auf die Verluste zu richten. Der Mensch mit geistiger Behinderung könnte eine Gelegenheit für ehrenamtliche Mitarbeit finden. Zum Beispiel könnte er oder sie Besuche in einem Pflegeheim machen, dort Blumen ausliefern oder Getränke verteilen. Der geistig behinderte Mensch kann anderen informell helfen, etwa durch Unterstützung eines Zivildienstleistenden, der eine Aufgabe erlernt, durch Unterstützung eines Mitarbeiters bei einer bestimmten Aufgabe oder durch die Übernahme einer Aufgabe zu Hause, die gewöhnlich nicht seine oder ihre war.

(92) Helfen Sie dem Menschen mit geistiger Behinderung, eine neue Freizeitbeschäftigung auszuwählen und auszuüben (Unterstützung durch andere).

Nachdem der anfängliche Schmerz und die Trauer um den Tod nachgelassen haben, hilft es dem geistig behinderten Menschen, etwas zu haben, worauf er oder sie sich freuen kann. Helfen Sie, eine neue Freizeitbeschäftigung zu finden und auszuprobieren. Ergotherapeuten und Beschäftigungstherapeuten kennen zahlreiche Freizeitaktivitäten und haben vielleicht auch Bilder davon. Auch Sie können eine Sammlung solcher Aktivitäten zusammenstellen, indem Sie mit dem geistig behinderten Menschen Zeitschriften ansehen und Bilder ausschneiden. Bitten Sie den geistig behinderten Menschen, eine oder mehrere dieser Aktivitäten auszuwählen, die ihm oder ihr Freude machen würden. Versuchen Sie, für den geistig behinderten Menschen einen Plan aufzustellen, nach dem diese Aktivitäten an die Reihe kommen, z. B. einmal die Woche. Finden Sie jemanden, der bereit ist, diese Vorhaben mit dem geistig behinderten Menschen durchzuführen (z. B. ein Familienmitglied, ein Mitarbeiter, ein Mitbewohner, ein ehrenamtlicher Mitarbeiter).

(93) Zeigen Sie dem geistig behinderten Menschen einige einfache Yoga-Übungen (Körperliche Übungen*)*.

Übungen, zu denen tiefe Atmung, sanfte Dehnung und wiederholte Bewegung gehören, können einfach gelernt werden, erfordern keine teure Ausstattung und können überall ausgeführt werden. Sie können dazu verhelfen, Spannungen abzubauen, und Entspannung fördern. Es ist nahezu unmöglich, sich fortgesetzt zu sorgen oder in Anspannung zu bleiben, während man sich auf die Übungen konzentriert. Eine 44-jährige Frau mit Down-Syndrom, die sich vor dem herannahenden Tod ihrer Mutter ängstigte, äußerte ihr Vergnügen darüber, die Übungen zu lernen: „Sie sind leicht. Es macht Spaß." Sie berichtete, dass die Übungen ihr in der schwierigen Zeit, als die Gesundheit ihrer Mutter sich verschlechterte, halfen.

(94) Fördern Sie körperliche Aktivität (Körperliche Übungen*)*.

Jeder Mensch fühlt sich körperlich und emotional besser, wenn er sich regelmäßig körperlich betätigt. Finden Sie heraus, welche körperliche Aktivität dem geistig behinderten Menschen gefallen würde: Walking, Jogging, die Verwendung eines Lautbands oder eines Fahrrads, Tanz, Schwimmen usw. Der Mensch mit geistiger Behinderung wird sich sehr viel leichter mit dieser Aktivität anfreunden und sie fortsetzen, wenn Sie ihn oder sie dabei begleiten oder jemanden finden, der das regelmäßig tut. Ihr örtlicher Sportverein oder die Einrichtungen der Behindertenhilfe können Sie über geeignete Gruppen informieren.

(95) Finden Sie Menschen, die regelmäßig mit dem/der Trauernden kommunizieren, indem sie Grußkarten oder Fotos schicken oder in regelmäßigen Abständen anrufen (Unterstützung durch andere).

Vielleicht können Sie Kontakt zu entfernteren Familienmitgliedern des behinderten Menschen aufnehmen oder ihm oder ihr helfen, das selbst zu tun, oder Kontakt zu jetzigen oder früheren Nachbarn oder Freunden der Familien, beliebten Mitarbeitern oder früheren Betreuern. Erklären Sie ihnen, dass eine Grußkarte, ein Brief, ein Foto oder ein Anruf dem verwaisten Menschen helfen würde, sich weniger einsam zu fühlen. Dieses Vorgehen kann besonders dann wertvoll sein, wenn der Verstorbene regelmäßig mit dem geistig behinderten Menschen auf diese Art und Weise Kontakt hatte und der Hinterbliebene deswegen diese Form der Kommunikation schmerzlich vermisst.

(96) Helfen Sie dem geistig behinderten Menschen, einen Schmetterlingsgarten zu pflanzen und zu pflegen (Natur/im Freien; körperliche Übungen).

Es gibt eine Vielzahl von Blumen und Stauden, die Schmetterlinge anziehen. Gartenbücher oder Mitarbeiter von Gärtnereien nennen Ihnen solche Pflanzen und helfen Ihnen zu entscheiden, welche in Ihrer Gegend am besten wachsen werden. Einige dieser Pflanzen sind: Verbenen, Melisse, schwarzäugige Susanne, Schmetterlingsstrauch, Schmetterlingswolfsmilch, Phlox, Heliotrop, Lavendel, Mauerpfeffer. Helfen Sie, den Schmetterlingsgarten zur Erinnerung an die verstorbene Person zu pflanzen. Einige Menschen fanden Trost, indem Sie das taten, weil sie eine Analogie zwischen Schmetterling und Seele und die Symbolik sehen, die mit dem „Tod" der Raupe und ihrer „Wiedergeburt" als Schmetterling verbunden ist. Falls ein solches

Beet nicht realisierbar ist, könnten Sie in Natur-Lehrmittelgeschäften oder in Katalogen Schmetterlingskästen besorgen, in denen Raupen und das nötige Zubehör sind, um ihre Umwandlung in Schmetterlinge zu ermöglichen (siehe auch 99).

(97) Machen Sie Spaziergänge im Park (Natur/im Freien; körperliche Übungen).

Ein Spaziergang in einer beruhigenden natürlichen Umgebung kann einem trauernden Menschen helfen. Die Tätigkeit des Gehens aktiviert die großen Muskeln in Armen und Beinen, das ist eine ausgezeichnete Übung, um die Spannung zu lösen, die jemand im Körper hat. Der Rhythmus des Gehens kann auch den Geist entspannen, der frei wird und zugänglich für Erinnerungen oder Gefühle, derer die Person sich gar nicht bewusst ist. Ein Spaziergang in beruhigender Umgebung, insbesondere in Wäldern oder Parks, kann dazu verhelfen, mit dem natürlichen Fluss des Lebens, mit Wachstum, Tod und Neubelebung, in Berührung zu kommen. Wer einen solchen Ort wiederholt aufsucht, kann den Wechsel der Umgebung von Jahreszeit zu Jahreszeit beobachten. Man sieht das frische Grün des neuen Wachstums im Frühling, das nach der langen Winterzeit neue Hoffnung gibt. Man kann die Veränderungen der Luft fühlen, die Beschaffenheit des Bodens, die Anwesenheit oder Abwesenheit von Vögeln und anderen Tieren. Sie können darauf aufmerksam machen, dass selbst an rauesten Wintertagen ein Vogel singt und dass die Wärme der Sonne Trost spendet.

(98) Helfen Sie dem trauernden Menschen, eine Aufgabe des Verstorbenen zu übernehmen (Unterricht/Modelle; körperliche Übungen; Rituale/Traditionen).

Sprechen Sie mit dem geistig behinderten Menschen, um Aufgaben herauszufinden, die er oder sie von dem Verstorbenen übernehmen könnte (z. B. den Mülleimer leeren, bei Geburtstagen und Feiertagen den Familienmitgliedern Glückwunschkarten schicken, den Kaffee zum Frühstück zubereiten usw.). Möglicherweise möchte der verwaiste Mensch eine oder mehrere dieser Aufgaben übernehmen. Das ist zum einen praktisch (weil es jemanden geben muss, der diese Dinge tut), zum anderen auch therapeutisch (weil es dem Hinterbliebenen ein gutes Gefühl geben kann, etwas von dem Verstorbenen zu übernehmen).

(99) Pflanzen Sie einen Erinnerungsgarten oder ziehen Sie Pflanzen mit einer besonderen Bedeutung in Töpfen (Natur/im Freien; körperliche Übung; Rituale/Traditionen).

Hierfür gibt es unterschiedliche Möglichkeiten: Man kann die Lieblingsblumen des Verstorbenen anpflanzen oder Pflanzen mit symbolischen Namen oder Bedeutungen, wie Vergissmeinnicht, Tränendes Herz oder Rosmarin, das als Kraut der Erinnerung gilt. Geeignete Pflanzen finden Sie in Gärtnereien oder Katalogen (siehe auch 96).

(100) Helfen Sie dem geistig behinderten Menschen, ein Patchwork zur Erinnerung an den Verstorbenen zu nähen (Kreativität; Rituale/Traditionen).

Das Muster und die Farben können Vorlieben des verstorbenen Menschen aufgreifen (Was waren seine oder ihre Lieblingsfarben? Welches Muster würde ihm oder ihr gefallen haben?). Vielleicht möchte der/die Trauernde den Namen oder bevorzugte Aussprüche des Verstorbenen in das Muster einarbeiten. Klären Sie, welche Teile des Patchworks er oder sie herstellen kann. Gewinnen Sie andere, die Freude daran haben, ihn oder sie bei der Arbeit an diesem Vorhaben zu unterstützen.

(101) Schlagen Sie dem behinderten Menschen vor, einen Kalender zur Vorschau auf kommende Ereignisse zu führen und helfen Sie ihm dabei (Unterricht/Modelle; Unterstützung durch andere).

Ein verwaister Mensch muss trauern, aber ebenso muss er wieder anfangen, in die Zukunft zu sehen. Eine Möglichkeit, das zu unterstützen, besteht darin, in einem Kalender angenehme kommende Ereignisse zu notieren. Wenn es Monate gibt, in denen solche Ereignisse nicht vorkommen, helfen Sie ihm oder ihr, einige zu planen (z. B. Freunde zum selbst gemachten oder selbst beim Bäcker ausgewählten Kuchen einladen, jemanden einladen und gemeinsam eine Sportsendung im Fernsehen ansehen, dabei besondere Snacks und Getränke servieren).

(102) Sorgen Sie für Informationen über das Sterben (Unterricht/Modelle).
Der Tod eines nahe stehenden Menschen kann Gedanken an das eigene Sterben hervorrufen. Ist dies ein Thema, von dem der geistig behinderte Mensch bisher verschont worden ist, kann Information darüber ihm oder ihr hilfreich sein. Fragen Sie in Einrichtungen der Behindertenhilfe oder in Hospizen nach geeignetem Material; eine andere Quelle können Kinderbücher zum Thema Tod sein (s. S. 64 f.) und schließlich die Angaben in Kapitel 5.

(103) Helfen Sie dem geistig behinderten Menschen, Musikgruppen zu finden, in denen er oder sie mitmachen kann (Musik).
Wenn der trauernde Mensch wieder zu seinem Leben zurück findet, ist es wichtig, soziale Aktivitäten zu finden, an denen er oder sie sich beteiligen kann. Bei Neigung zur Musik könnte die Teilnahme an einem Chor Freude machen.

(104) Gehen Sie mit dem/der Trauernden in einen Laden für Gärtnereibedarf (Natur/im Freien; Rituale/Traditionen).
In der Natur gibt es viele Beispiele für Tod und Erneuerung: Den Wechsel der Jahreszeiten, Pflanzen und Ernten, die Lebenszyklen im Tierreich. Vielleicht finden Sie Gegenstände, die für den geistig behinderten Menschen eine besondere Bedeutung haben. Denken Sie dabei an Bücher, Sämereien, Kalender, Poster, Plüschtiere oder Handpuppen (darunter gibt es welche, die den Wechsel von einer Daseinsform in eine andere darstellen: Eine Raupe, die man öffnen und wenden kann und aus der dann ein Schmetterling wird, eine Kaulquappe, die sich in einen Frosch verwandelt).

(105) Helfen Sie dem trauernden Menschen, einen dekorativen Kranz aus Seidenblumen mit den Lieblingspflanzen des Verstorbenen zu winden (Kreativität).
Hiermit verbinden sich folgende Aufgaben: Eine Entscheidung treffen, welche Farben und welche Jahreszeit gewählt werden soll (z. B. können Blumen aus der Lieblingsjahreszeit des Verstorbenen gewählt werden), in einem Laden für Bastelbedarf

die Blumen aussuchen, das Muster entwerfen, den Kranz winden und schließlich entscheiden, welchen Platz er bekommen soll. Der fertige Kranz wird für den geistig behinderten Menschen eine spürbare und hübsche Erinnerung an die geliebte Person sein.

(106) Mit einem Kerzenritual können Sie die Begriffe des Loslassens und des Weiterlebens erläutern (Rituale/Traditionen).
Bei diesem Ritual verwendet der Helfer Kerzen als Symbol für die Liebe, um Liebe und Verlust zu demonstrieren (Originalbeschreibung in Jewett 1982, S. 17 f.). Man kann folgendermaßen beginnen: „Als Du geboren wurdest, bekamst Du die Gabe, Liebe zu schenken und Liebe zu empfangen. Diese Gabe ist wie ein Licht, sie gibt Dir ein warmes Gefühl und macht Dich glücklich." Dann wird eine Kerze als Symbol für den trauernden Menschen angezündet. Weitere Kerzen werden für andere Menschen der Familie entzündet (z. B. die Mutter, den Vater, Geschwister) und eine für den verstorbenen Menschen. Zu jedem Familienmitglied können Sie einige Worte sagen, z. B.: „Deine Mutter und Dein Vater waren die ersten, die Dich kennen lernten. Sie liebten Dich sehr." Dann kann etwas über die Umstände des Todesfalls gesagt werden. Die Kerze, die den Verstorbenen repräsentiert, kann durch den Raum getragen werden oder ausgelöscht, abhängig vom religiösen Glauben des Hinterbliebenen. Sie können darüber sprechen, wie sich das Leben des Hinterbliebenen seit dem Tod verändert hat. Sie können auch über die Möglichkeiten sprechen, dass neue Menschen in sein oder ihr Leben treten, ein neuer Freund, ein neuer Mitarbeiter, ein Verwandter, der sich nunmehr um den geistig behinderten Menschen kümmert. Sie können noch weitere Kerzen für andere Menschen, die im Leben des Hinterbliebenen Bedeutung haben oder hatten, anzünden. Sie können darauf verweisen, dass die erste Kerze immer noch brennt, und dazu z. B. sagen: „Es ist ganz wichtig für Dich, immer zu wissen, dass die Flamme der Liebe, die du für … [Name des verstorbenen Menschen] empfindest, nicht ausgeht. Jemanden lieben, ist nicht wie eine Suppe essen und dann ist der Teller leer. Du kannst so viele Menschen wie Du magst lieben. Deswegen geht keine der anderen Kerzen aus." Sie können dem geistig behinderten Menschen zu verstehen geben, dass in seinem oder ih-

rem Herzen immer eine Kerze für den Verstorbenen brennen wird.

Symbolische Rituale wie dieses können sehr stark wirken (s. Ryan/Walker 2004). Nehmen Sie sich deswegen dafür ausreichend Zeit und beenden Sie es behutsam. Erklären Sie dem geistig behinderten Menschen, dass die Kerzen natürlich nicht wirklich Menschen sind, sondern dass sie uns helfen, an Menschen zu denken. Wenn es Zeit wird, die Kerzen zu löschen, bedeutet das nicht, dass man aufhören wird, den verstorbenen Menschen zu lieben, nur weil die Kerze aus ist. Sie können auch davon sprechen, dass man anstelle einer Kerze den verstorbenen Menschen im Sinn oder im Herzen behalten kann. Fragen Sie den geistig behinderten Menschen, ob er oder sie bereit ist, die Kerzen verlöschen zu lassen und ob das von ihnen oder von dem geistig behinderten Menschen selbst getan werden soll. Wiederholen Sie das bei jeder angezündeten Kerze. Wenn Sicherheitsgründe oder Hausordnungen die Verwendung von Kerzen verbieten, können Taschenlampen verwendet werden.

(107) Bereiten Sie sich auf verschiedene Hilfeverfahren vor oder entwerfen Sie andere nach Ihrer Kenntnis des hinterbliebenen Menschen (alle Kategorien).

Bitte bedenken Sie, dass die Vorschläge, die wir beschrieben haben, nur die Spitze eines Eisbergs sind. Es handelt sich dabei um Ideen, die die Autorinnen verwendet haben oder von denen wir hörten und von denen wir denken, dass sie anderen helfen werden. Sprechen Sie mit Professionellen oder mit Familien, die den Verlust eines geliebten Menschen überwunden haben und nutzen Sie Ihre eigene Kreativität und Ihre Kenntnisse über den hinterbliebenen geistig behinderten Menschen, um hier in diesem Buch Hilfen für die Zeit der Trauer zu entdecken oder selbst zu entwickeln.

Kapitel 5
Professionelle Unterstützung

Warnsignale, wenn Hilfe gebraucht wird

Warnsignale und Umstände, die die Trauer erschweren, werden detailliert von Rando (1993) beschrieben. Im Folgenden nennen wir einige der Signale, die Ihnen einen Hinweis geben können, ob professionelle Hilfe aufgesucht werden soll.

Mehrfache Verluste

Mehrfache Verluste entstehen in den folgenden zwei Situationen: Wenn mehr als eine Person stirbt und wenn mehr als eine Art von Verlust erlitten wird. In der erstgenannten Situation können Todesfälle mehrerer Freunde, Mitbewohner oder Verwandter die Fähigkeit eines Menschen, damit fertig zu werden, übersteigen (s. Abb. 9). Die zweitgenannte Situation ist gegeben, wenn entscheidende Veränderungen im Leben in Folge des Todes zusätzliche Verluste für den hinterbliebenen Menschen bewirken (z. B. Wohnungswechsel, Wohnortwechsel, finanzielle Sicherheit oder Wechsel der Menschen, die Unterstützung geben). Beide Situationen können zu einem Übermaß an Trauer führen. Ein von Trauer überforderter Mensch kann sich völlig in sich zurückziehen und außer Stande sein, wichtige Bereiche seines Lebens zu regeln.

Idealisierung des Verstorbenen

Um den Verlust eines geliebten Menschen wirklich betrauern zu können, ist es nötig, sowohl über die positiven als auch über die negativen Aspekte seiner oder ihrer Persönlichkeit und Gewohnheiten nachzudenken und zu sprechen. Wenn Hinterbliebene immer nur die positiven Aspekte hervorheben, kann das ein Hinweis darauf sein, dass sie in ihrem Trauerprozess nicht vorankommen.

Abb. 9: Mehrere Verluste überwältigen den Zeichner. Die Verluste (Mom, Dad, Ann) haben das Maß überschritten.

Fortgesetztes unangemessenes Ausleben der Trauer

Manche Menschen wissen nicht, wie sie ihre Gefühle angesichts eines Todesfalls angemessen ausdrücken können. Stattdessen äußern sie ihre Gefühle von Kummer, Wut und Verwirrung in unangemessener und sogar bedrohlicher Weise. Ein Therapeut, insbesondere jemand, der Kunst, Musik oder alternative Formen zum Ausdruck von Gefühl einsetzt, kann helfen, Gefühle zu bestätigen, auszudrücken und die Art des Ausdrucks dieser Gefühle verändern.

Benutzen von Alkohol oder anderen Drogen, um mit der Situation fertig zu werden

Die Verwendung von Alkohol oder anderen Drogen ist häufig ein Versuch, von den starken Gefühlen der Trauer befreit zu werden. Fortgesetzter Gebrauch schiebt aber den wirklichen Heilungsprozess nur hinaus und kann zur Abhängigkeit führen.

Von Selbstmord sprechen

Wenn von Selbstmord die Rede ist, sollte immer ein kompetenter Professioneller hinzugezogen werden und Unterstützung geben. Es ist nicht ungewöhnlich, dass trauernde Menschen den Wunsch äußern, mit dem Verstorbenen wieder vereint zu sein, oder dass sie wünschen, ebenfalls tot zu sein, weil sie von allem, mit dem sie jetzt fertig werden müssen, überwältigt werden. Das unterscheidet sich von der echten Absicht, sich umzubringen. Diese Unterscheidung muss von jemandem getroffen werden, der darin geübt ist.

Übernahme körperlicher Symptome der kranken und verstorbenen Person

Körperliche Symptome müssen ernst genommen werden, und die Möglichkeit einer wirklichen Krankheit sollte von einem Mediziner geprüft werden. Wenn die gleichen Symptome wie bei der verstorbenen Person andauern, ohne dass es eine medizinische Erklärung dafür gibt, kann das ein Zeichen für einen gestörten Trauerprozess sein, der dann professionelle Hilfe erfordert.

Schlafstörungen

Schlafstörungen gehören normalerweise zum Prozess der Trauer. Wenn aber jemand über eine längere Zeit außer Stande ist zu schlafen, kann er oder sie unter Schlafentzug leiden. Schlafentzug greift die Gesundheit an, verkompliziert das Leben eines Menschen und muss behandelt werden. Häufig werden für kurze Zeit Medikamente verschrieben, um dem trauernden Menschen zu helfen, zu einem normalen Schlafmuster zurückzufinden und etwas Ruhe zu bekommen.

Eine problembeladene Beziehung zu dem verstorbenen Menschen

Man könnte annehmen, dass der Tod eines Menschen, zu dem jemand keine so gute Beziehung hatte, zu nicht allzu großer Verwirrung führt. Dennoch kann genau das Gegenteil der Fall sein. Worden (1982) stellte fest: „Die Art der Beziehung, die

Menschen am häufigsten an angemessener Trauer hindert, ist die in hohem Maße ambivalente Beziehung." Unter diesen Bedingungen kann der hinterbliebene Mensch starke Gefühle von Wut oder Schuld entwickeln. Sofern dies der Fall zu sein scheint, ist professionelle Hilfe angebracht.

Erleiden eines plötzlichen, unerwarteten Verlusts oder stigmatisierter Todesbedingungen

Gesteigerter Bedarf an professioneller Hilfe besteht, wenn der Todesfall traumatisch war oder als stigmatisierend angesehen wird (z. B. ein Unfall, Selbstmord, Mord oder Tod an den Folgen von Aids).

Anzeichen, dass professionelle Unterstützung nötig ist

Um zu entscheiden, ob Sie professionelle Hilfe für einen trauernden Menschen suchen sollten, bedenken Sie folgende Punkte:

– Die Dauer, über die der Trauerprozess sich erstreckt,
– die Heftigkeit der Trauerreaktionen,
– jedes Warnsignal, das auf Schwierigkeiten hinweist.

Erscheint Ihnen einer dieser Punkte länger dauernd oder stärker als erwartet, denken Sie darüber nach, professionellen Rat hinzuzuziehen. Überhaupt wenn Sie irgendwelchen Zweifel haben, ist es gut, sich mit einem professionellen Helfer zu beraten. Frühe Hilfen können einen deutlichen Unterschied in den Trauerreaktionen nach einem Todesfall bewirken, und sie können dazu verhelfen, dass Menschen andere Verluste, die sie im Leben erleiden, besser bewältigen.

Wo finden Sie professionelle Unterstützung?

Das Thema „Trauer" bei Menschen mit geistiger Behinderung ist in Deutschland so gut wie gar nicht bearbeitet. Folglich gibt es kein Netz professioneller Hilfen, die wir hier als Referenzadressen angeben könnten. Dennoch gibt es flächendeckend

Einrichtungen der Behindertenhilfe, in denen das Thema nicht unbekannt ist, in denen man mehr oder weniger gut damit fertig geworden ist und wo man dem Thema in Zukunft wieder und wieder begegnen wird. Schon aus Gründen der Erreichbarkeit empfiehlt es sich, Unterstützung möglichst in geografischer Nähe zu suchen: bei den Kirchen, Therapeuten, Hospiz-Diensten und natürlich den Einrichtungen der Behindertenhilfe. Auch wenn es dort vielleicht bisher im Hinblick auf die Trauer von Menschen mit geistiger Behinderung noch keine Profilierung gegeben hat, ist es sinnvoll, diese womöglich gemeinsam anzustreben, ist es doch insgesamt ein Thema, das eben erst in den Blickpunkt gerät und für das ein Hilfenetz erst aufgebaut werden muss.

Ansprechbar für Fragen nach Adressen regionaler Einrichtungen sind immer die vier Fachverbände der Behindertenhilfe:

Bundesverband Evangelische Behindertenhilfe e.V.
Altensteinstraße 51, 14195 Berlin
Tel.: 030/83 001-270

Bundesvereinigung Lebenshilfe für
Menschen mit geistiger Behinderung e.V.
Raiffeisenstraße 18, 35043 Marburg
Tel.: 06421/491-0, Fax: 491-167

Caritas Behindertenhilfe und Psychiatrie e.V.
Karlstraße 40, 79104 Freiburg
Tel.: 0761/200-301

Verband für anthroposophische Heilpädagogik,
Sozialtherapie und soziale Arbeit e.V.
Schloßstraße 9, 61209 Echzell-Bingenheim
Tel.: 06035/81-190

Auf der Suche nach einem Therapeuten mit kunsttherapeutischem Angebot, wie es in vielen der Beispiele dieses Buches angesprochen wird, können Sie sich an den Berufsverband für Kunst-, Musik- und Tanztherapie – Europäischer Dachverband für künstlerische Therapien gem. e.V./First European Association of Arts Therapies (BKMT/FEAT) wenden:

BKMT
von-Esmarch-Straße 111, 48149 Münster
http://bkmt.de

Den Kontakt zu Hospiz-Diensten in Ihrer Nähe finden Sie am sichersten über Ihren Hausarzt oder die örtliche Kirchengemeinde.

Literatur

Bärenz, R.: Die Trauernden trösten. Kösel, München 1983.
Bassler, M./Schins, M.-T. (Hrsg): Warum gerade mein Bruder? Trauer um Geschwister. Erfahrungen, Berichte, Hilfen. Rowohlt, Reinbek 1992.
Bode, S./Roth, F.: Der Trauer eine Heimat geben. Ein Plädoyer für eine lebendige Trauerkultur. Lübbe, Bergisch-Gladbach 1998.
Bowlby, J.: Verlust. Trauer und Depression. Fischer, Frankfurt a.M. [4]1994.
Braza, K.: Memory book for bereaved children. Healing Resources, Salt Lake City/Utah 1992.
Buscaglia, L.: The fall of Freddie the leaf. Henry Holt, New York 1982.
Canacakis, J.: Ich begleite dich durch deine Trauer. Kreuz, Stuttgart 1997.
Canacakis, J.: Ich sehe deine Tränen. Trauern, Klagen, leben können. Kreuz, Stuttgart [13]1997.
Campbell, D.: Der Seele Klang. Die heilende Kraft von Atem, Ton und Musik. Kösel, München 1997.
Cook, A.S./Dworkin, D.S.: Helping the bereaved. Therapeutic interventions for children, adolescents, and adults. Basic Books, New York 1992.
Deits, B.: Life after loss. A personal guide dealing with death, divorce, job change and relocation. Fisher Books, Tueson, Arizona 1998.
Deutsch, H.: Grief counseling with the mentally retarded clients. In: Psychiatrie Aspects of Mental Retardation Reviews, 4/1985, S. 17-20.
Elleberger, O.: Qi Gong. Grundübungen und Grundlagen für Anfänger und Fortgeschrittene. Kösel, München 1995.
Emberley, E.: Ed Emberley's great thumbprint drawing book. Little, Brown and Company, Boston 1977.
Emerson, P.: Covert grief reaction in mentally retarded clients. Mental Retardation, 15/1977, S. 46-47.
Feil, N.: Validation. Ein Weg zum Verständnis verwirrter alter Menschen. Reinhardt, München/Basel [5]1999.
Feil, N.: Validation in Anwendung und Beispielen. Der Umgang mit verwirrten und alten Menschen. Reinhardt, München/Basel [2]2000.
Fischer-Rizzi, S.: Himmlische Düfte. Aromatherapie, Anwendung wohlriechender Pflanzenessenzen und ihre Wirkung auf Körper und Seele. Hugendubel, München [11]1995.

Fischer-Rizzi, S.: Aroma-Massage. Gesundheit und Wohlgefühl für Körper und Seele. Hugendubel, München ²1995.
Fried, A./Gleich, J.: Hat Opa einen Anzug an? Hanser, München/Wien 1997.
Grollman, E.A.: Spiritual support after sudden loss. In: Doka, K.J. (Hrsg.): Living with grief after sudden loss. Hospice Foundation of America, Washington, 1996, S. 185-188.
Harper, D.C./Wadsworth, J.S.: Grief in adults with mental retardation. Preliminary findings. Research in Developmental Disabilities, 14/1993, S. 313-330.
Hedger, C.J./Dyer Smith, M.J.: Death education for older adults with developmental disabilities. A life cycle therapeutic recreation approach. Activities, Adaptation & Aging, 18/1993, S. 29-36.
Howell, M.C. (Hrsg): Serving the underserved. Caring for people who are both old and mentally retarded. Exceptional Parent Press, Boston 1989.
Irish, D.P./Lundquist, K.F./Jenkins Nelsen, V.: Ethnic variations in dying, death and grief. Diversity in universality. Taylor & Francis, Washington 1993.
Jewett, C.: Helping children cope with separation and loss. The Harvard Common Press, Harvard 1982.
Kauffman, J.: Mourning and mental retardation. Death Studies, 18/1994, S. 257-271.
Kast, V.: Trauern. Phasen und Chancen des psychischen Prozesses. Kreuz, Stuttgart ¹⁸1996.
Kloeppel, D.A./Hollins, S.: Double handicap. Mental retardation and death in the family. Death Studies, 13/1989, S. 31-38.
Kübler-Ross, E.: Über den Tod und das Leben danach. Die Silberschnur, Melsbach 1996.
Kübler-Ross, E.: Kinder und Tod. Kreuz, Stuttgart ⁷1996.
Kübler-Ross, E.: Was können wir noch tun? Antworten auf Fragen nach Sterben und Tod. Gütersloher Verlagshaus, Gütersloh ⁷1994.
Lindemann, E.: Symptomatology and management of acute grief. American Journal of Psychiatry, 101/1944, S. 141-148.
Marquardt, H.A.: Funeral and memorial services. In: Howell, M.C. (Hrsg.): Serving the underserved. Caring for people who are both old and mentally retarded. Exceptional Parent Press, Boston 1989, S. 346-348.
McDaniel, B.A.: A group work experience with mentally retarded adults on the issues of death and dying. Journal of Gerontological Social Work, 13/1989, S. 187-19l.
Moise, L.E.: In sickness and in death. Mental Retardation, 16/1978, S. 397-398.

Neysters, P./Schmitt, K.-H.: Denn sie werden getröstet werden. Das Hausbuch zu Leid und Trauer, Sterben und Tod. Kösel, München 1993.

Rando, T.A.: Treatment of complicated mourning. Research Press, Champaign, Illinois 1993.

Reich, E./Zornànszky, E.: Lebensenergie durch sanfte Bioenergetik. Kösel, München 1997.

Rosenblatt, P.C.: Grief. The social context of private feelings. Journal of Social Issues, 44/1998, S. 67-78.

Rosenblatt, P.C.: Cross-cultural variation in the experience, expression, and understanding of grief. In: Irish, D.P./Lundquist, K.F./Jenkins Nelsen, V.: Ethnic variations in dying, death and grief. Diversity in universality. Taylor & Francis, Washington 1993, S. 13-19.

Rosenblatt, P./Elde, C.: Shared reminiscence about a deceased parent. Implications for grief education and grief counseling. Family Relations, 39/1990, S. 206-210.

Rothenberg, E.D.: Bereavement intervention with vulnerable populations. A case report on group work with the developmentally disabled. Social Work with Groups, 17/1994, S. 61-75.

Ruhe, H.G.: Methoden der Biografiearbeit. Lebensgeschichte und Lebensbilanz in Therapie, Altenhilfe und Erwachsenenbildung. Juventa, Weinheim/München 2007.

Ryan, T./Walker, R.: Wo gehöre ich hin? Biografiearbeit mit Kindern und Jugendlichen. Juventa, Weinheim/München 2004.

Saint-Exupéry, A.: Der Kleine Prinz. Karl Rauch Verlag, Düsseldorf 1950/1998.

Schins, M.-T.: Plötzlich ändert sich alles. Die erfahrene Autorin spricht mit Kindern über ihre Fragen, Gedanken und Perspektiven im Umgang mit Trauer, wenn plötzlich jemand aus dem persönlichen Umfeld stirbt. Für viele eine Hilfe. Jumbo, Hamburg 1994 (Tonkassette).

Sigelman, C.K./Budd, E.C./Winder, J.L./Schoenrock, C.J./Martin, P.W.: Evaluating alternative techniques of questioning mentally retarded persons. American Journal of Mental Deficiency, 86/1982, S. 511-518.

Simos, B.G.: A time to grieve. Loss as a universal human experience. Family Service Association of America, New York 1979.

Stafelt, P.: Und was kommt dann? Das Kinderbuch vom Tod. Moritz, Frankfurt/M. 2000.

Staudacher, C.: Men & grief. A guide for men surviving the death of a loved one – A resource for caregivers and mental health professionals. New Harbinger Publications, Oakland, California 1991.

Student, J.C. (Hrsg.): Im Himmel welken keine Blumen. Kinder begegnen dem Tod. Herder, Freiburg ³1996.

Tatelbaum, J.: You don't have to suffer. A handbook for moving beyond life's crises. Harper & Row, NewYork 1989.

Tidholm, T./Tidholm, A.C.: Die Reise nach Ugri-La-Brek. Beltz, Weinheim 1990.

Voss-Eiser, M. (Hrsg.): Noch einmal sprechen von der Wärme des Lebens ... Texte aus der Erfahrung von Trauernden. Herder, Freiburg 1997.

Weizman, S.G./Kamm, P.: About mourning. Support and guidance for the bereaved. Human Sciences Press, New York 1985.

Wendlandt, W.: Entspannung im Alltag. Ein Trainingsbuch. Beltz, Weinheim/Basel ²1995.

Worden, J.W.: Grief counseling and grief therapy. A handbook for the mental health practitioner. Springer Publishing Co., New York 1982.

Wüthrich, K./Gauda, G.: Botschaften der Kinderseele. Puppenspiel als Schlüssel zum Verständnis unserer Kinder. Kösel, München ³1997.